SURVIVAL POLISH CRASH COURSE
CLASSROOM EDITION

Ewa Kołaczek

Redaktor prowadzący: Agata Stępnik-Siara, Justyna Krztoń
Korekta merytoryczna i językowa: Joanna Dziubińska, Justyna Krztoń, Agata Stępnik-Siara, Maria Siara, Joanna Waszkiewicz-Siara
Tłumaczenie na język angielski: Anna Pyszak, Ron Mukerji, Joel Paisley
Projekt okładki: Paweł Gąsienica-Marcinowski
Projekt graficzny i skład: Studio Quadro, Pracownia Słowa
Nagrania: Studio Nagrań Nieustraszeni Łowcy Dźwięków

Copyright © by PROLOG Szkoła Języków Obcych, Kraków 2019

Wydanie I
Dodruk wydania I z roku 2016
ISBN 978-83-60229-42-2
Druk: Colonel

PROLOG PUBLISHING
ul. Bronowicka 37, 30-084 Kraków
tel.: +48 (12) 638 45 25
fax: +48 (12) 638 45 50
e-mail: books@prolog.edu.pl
sklep online: www.prologpublishing.com

SPIS TREŚCI *THE CONTENTS*

MODUŁ 1	**MÓWIĘ TROCHĘ PO POLSKU** *I SPEAK A LITTLE POLISH*	4
MODUŁ 2	**PROSZĘ PRZELITEROWAĆ!** *PLEASE SPELL!*	6
MODUŁ 3	**JAK TO POWIEDZIEĆ?** *HOW DO I SAY THIS?*	8
MODUŁ 4	**DZIEŃ DOBRY! NAZYWAM SIĘ JAN KOWALSKI** *HELLO! MY NAME IS JAN KOWALSKI*	10
MODUŁ 5	**JAKA TO LICZBA?** *WHAT'S THE NUMBER?*	17
MODUŁ 6	**CHCĘ WYMIENIĆ PIENIĄDZE** *I'D LIKE TO EXCHANGE SOME MONEY*	22
MODUŁ 7	**ILE TO KOSZTUJE?** *HOW MUCH DOES IT COST?*	29
MODUŁ 8	**DLA MNIE KAWA Z MLEKIEM** *A WHITE COFFEE FOR ME, PLEASE*	36
MODUŁ 9	**PROSZĘ PIEROGI** *MAY I HAVE SOME DUMPLINGS, PLEASE?*	42
MODUŁ 10	**PRZEPRASZAM, GDZIE JEST RYNEK?** *EXCUSE ME, WHERE IS THE MARKET SQUARE?*	48
MODUŁ 11	**CHCĘ ZAMÓWIĆ TAKSÓWKĘ!** *I'D LIKE TO ORDER A TAXI*	55
MODUŁ 12	**O KTÓREJ GODZINIE JEST POCIĄG DO WARSZAWY?** *WHAT TIME IS THE TRAIN TO WARSAW?*	60
MODUŁ 13	**CHCĘ ZAREZERWOWAĆ POKÓJ** *I'D LIKE TO BOOK A ROOM*	67
MODUŁ 14	**MAM PROBLEM** *I HAVE A PROBLEM*	73
MODUŁ 15	**BOLI MNIE GŁOWA** *MY HEAD HURTS*	79
MODUŁ 16	**PROSZĘ BILET NA MECZ** *I'D LIKE A TICKET FOR THE MATCH*	84
MODUŁ 17	**VADEMECUM KIBICA** *THE FOOTBALL SUPPORTERS' GUIDE*	89

TEKSTY NAGRAŃ *TRANSCRIPT*	95
ODPOWIEDZI *ANSWERS*	105
SŁOWNICZEK PL-ENG-DE *GLOSSARY*	113
SŁOWNICZEK FONETYCZNY ENG *PRONUNCIATION GLOSSARY*	131
SŁOWNICZEK FONETYCZNY DE *AUSSPRACHEGLOSSAR*	147
PLAN CENTRUM HANDLOWEGO *PLAN OF A SHOPPING CENTRE*	164
W CENTRUM HANDLOWYM *AT THE SHOPPING CENTRE*	164

MODUŁ 1 — MÓWIĘ TROCHĘ PO POLSKU *I SPEAK A LITTLE POLISH*
• internacjonalizmy • *internationalisms*

1 Proszę podpisać obrazki odpowiednimi słowami z ramki.

> restauracja   muzeum   komputer   ~~banan~~   mapa   solarium
> perfumy   radio   telefon   park   dyskoteka   hotel

Przykład: *banan*

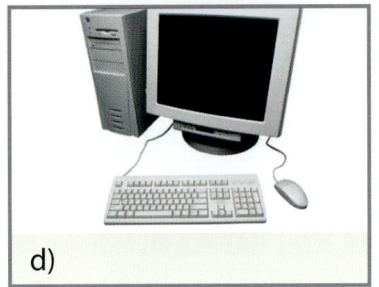
d)

h)

a)

e)

i)

b)

f)

j)

c)

g)

k)

4

2 Jak brzmią poniższe słowa w Państwa języku? Proszę zapisać obok tłumaczenie.

a) telefon – _____   g) radio – _____
b) perfumy – _____   h) muzeum – _____
c) park – _____   i) solarium – _____
d) komputer – _____   j) dyskoteka – _____
e) mapa – _____   k) banan – _____
f) hotel – _____   l) restauracja – _____

> Polish is considered one of the more difficult languages to learn. Learning Polish is made easier by a large number of words which are also present in numerous other European languages. Internationalisms, as they are referred to, have similar meanings and comparable spelling forms. Exercise 1 presents examples of internationalisms. The following are some other examples: *akwarium, analiza, biznesmen, broker, chemia, disco, doktor, filozofia, hamburger, hokej, holding, hot dog, Internet, kakao, klub, kompakt, lifting, manager, mechanik, metr, muzyka, negocjacje, peeling, playback, polityk, pop, prezydent, protest, puzzle, rugby, skuter, studio, tenis, toster, uniwersytet.*

3 Proszę wysłuchać nagrania i powtórzyć za lektorem słowa. W trakcie drugiego słuchania proszę podkreślić akcentowane sylaby.

Przykłady: mu-ze-um   a) ra-dio   d) dy-sko-te-ka
te-le-fon   kom-pu-ter   b) per-fu-my   e) ma-pa
                              c) ho-tel   f) ba-nan

> Three grammatical genders are distinguished in the singular in Polish: masculine, feminine and neuter. A word's ending indicates the gender of a given noun. The majority of masculine nouns end in a consonant (*telefon, park, hotel*), feminine nouns end in the vowel -a (*mapa, dyskoteka, restauracja*), while neuter nouns end in -o (*radio*), -ę (*imię*/name), -e (*słońce*/sun) or -um (*solarium*).

> Internationalisms often have a similar meaning to their European equivalents. Their pronunciation, however, may vary. Word stress is also important, which in Polish, falls on the second to last syllable.

MODUŁ 2 — **PROSZĘ PRZELITEROWAĆ!** *PLEASE SPELL!*

• alfabet polski, literowanie słów • *the Polish alphabet, spelling*

 1 Proszę dwukrotnie wysłuchać nagrania. W trakcie drugiego słuchania proszę powtórzyć za lektorem nazwy liter polskiego alfabetu.

ALFABET POLSKI (POLISH ALPHABET)

Letter	Spelling	Letter	Spelling	Letter	Spelling
A, a	a	I, i	i	R, r	er
Ą, ą	ą	J, j	jot	S, s	es
B, b	be	K, k	ka	Ś, ś	eś
C, c	ce	L, l	el	T, t	te
Ć, ć	cie	Ł, ł	eł	U, u	u
D, d	de	M, m	em	W, w	wu
E, e	e	N, n	en	Y, y	igrek
Ę, ę	ę	Ń, ń	eń	Z, z	zet
F, f	ef	O, o	o	Ź, ź	ziet
G, g	gie	Ó, ó	o z kreską	Ż, ż	żet
H, h	ha	P, p	pe		

The Polish alphabet is based on the Latin alphabet and has 32 letters. It does not include letters such as q (ku), v (fał) or x (iks). However, these can appear in words of foreign origin (*xero, fax*).

  2 Proszę zapytać kolegę / koleżankę, jak się nazywają wyróżnione litery. Następnie proszę wysłuchać nagrania i powtórzyć je za lektorem.

1) **h**otel

2) akwariu**m**

3) skute**r**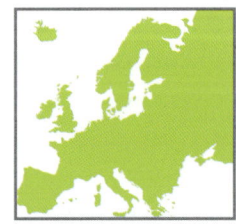

4) hambur**g**er

5) pu**z**zle

6) Krak**ó**w

7) Gda**ń**sk

8) Euro**p**a

9) **N**owy **J**ork

10) pi**ż**ama

11) polit**y**k

12) Bu**ł**garia

13) Ada**ś** Kowa**l**ski

3 **Proszę przeliterować nazwy siedmiu polskich miast, oznaczonych na mapce numerami 1–7. Następnie proszę zamknąć książkę i w trakcie słuchania nagrania spróbować je zapisać.**

CD 4

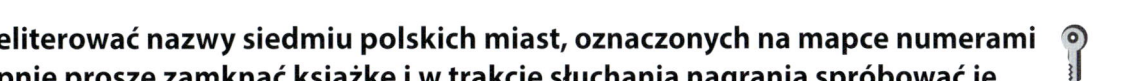

1. Gdynia
2. Olsztyn
3. Warszawa
4. Wrocław
5. Częstochowa
6. Kraków
7. Zakopane
Gdańsk
Szczecin
Bydgoszcz
Katowice
Odra
Wisła
Warta
Bug

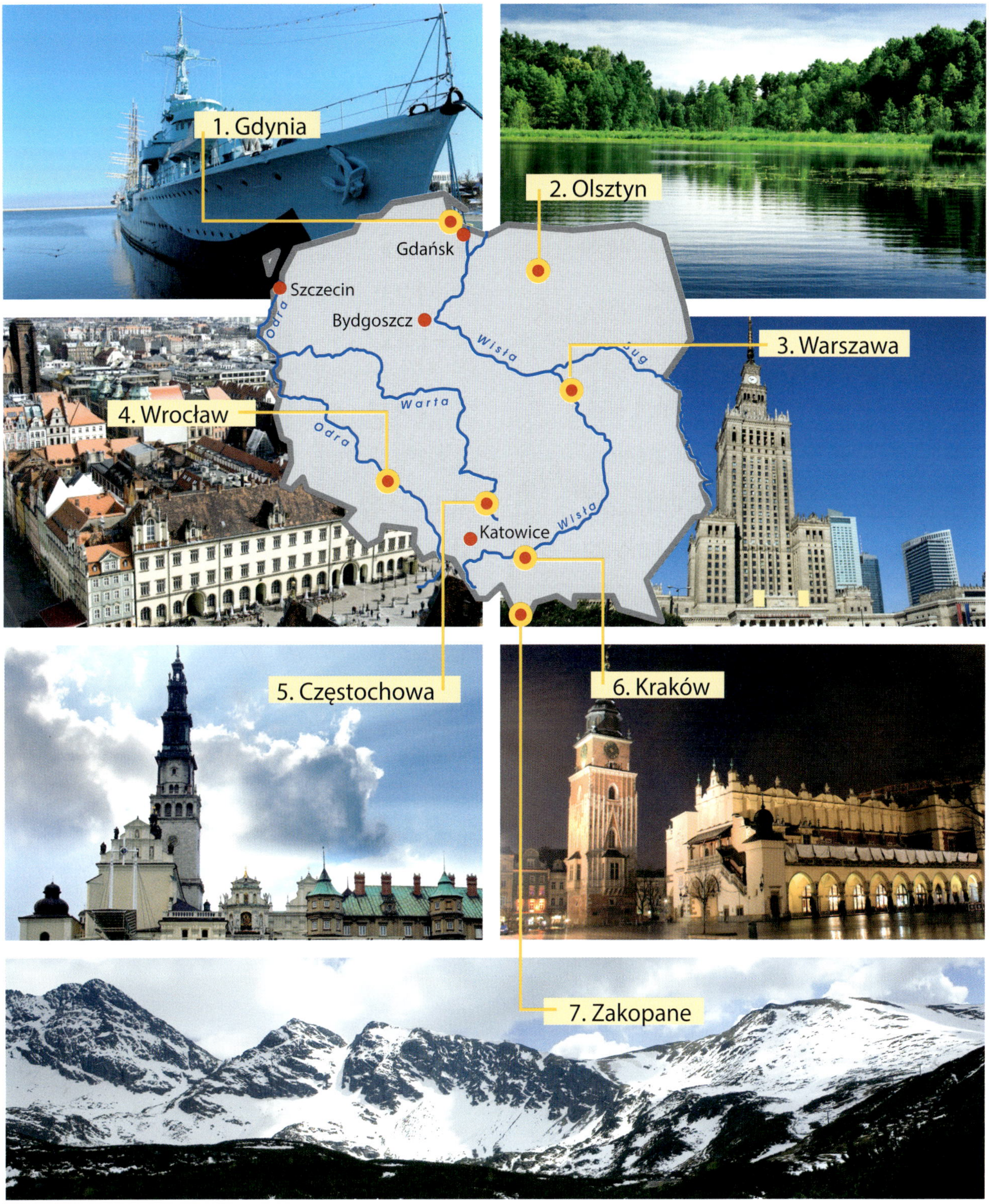

4 **Proszę wysłuchać nagrania i zapisać litery, które utworzą nazwy sześciu polskich miast. Proszę znaleźć te miasta na mapce z ćw. 3.**

CD 5

Przykład: S-z-c-z-e-c-i-n

1) ___-___-___-___-___-___-___-___-___

2) ___-___-___-___-___-___-___-___-___-___

3) ___-___-___-___-___-___-___

4) ___-___-___-___-___-___-___-___

5) ___-___-___-___-___-___-___

MODUŁ 3 — JAK TO POWIEDZIEĆ? *HOW DO I SAY THIS?*

- **wymowa głosek i podstawowych połączeń głoskowych**
- *pronunciation of phonemes and basic sound combinations*

1 Proszę wysłuchać nagrania i powtórzyć za lektorem dźwięki i słowa.

Single letters		Combined letters	
ą	~~ nazywają, proponują, są	c + i > ć	~~ ciasto, ciepło, Okocim
ę	~~ język, Wałęsa, męski	s + i > ś	~~ siedem, siostra, osiem
ć	~~ jechać, palić, telefonować	n + i > ń	~~ nie, lotnisko, tenis
ś	~~ środa, jesteśmy, coś	z + i > ź	~~ zimny, zielony, łazienka
ń	~~ słońce, Gdańsk, koń	s + z > sz	~~ szampan, reszta, grosz
ź	~~ źle, źrebak, źrenica	c + z > cz	~~ cztery, czekolada, poczta
ż	~~ żurek, że, duży	d + z > dz	~~ do widzenia, bardzo
ł	~~ złoty, mało, łazienka	d + ż > dż	~~ dżinsy, dżungla, dżudo
ó	~~ Kraków, sól, napój	d + ź > dź	~~ dźwięk, dźwigać
		r + z > rz	~~ rzeka, dworzec, dobrze
		c + h > ch	~~ rachunek, słucham, Lech

- *ą* – nasal, similar to the French '*on*' as in '*bon*'
- *ę* – nasal, similar to the French '*in*' as in '*vin*'
  (at the end of a word, for ex. in the word *imię ę* is often pronounced as a simple *e*, similar to the English '*e*' as in '*pet*')
- *ć* – similar to the English '*ch*' as in '*cheese*', but pronounced softer
- *ś* – similar to the English '*sh*' as in '*sheep*', but pronounced softer
- *ń* – similar to the English '*ni*' as in '*onion*'
- *ź* – similar to the English '*s*' as in '*pleasure*', but pronounced softer
- *ż* – similar to the English '*s*' as in '*pleasure*', but pronounced harder
- *ł* – similar to the English '*w*' as in '*what*'
- *ó* – similar to the English '*u*' as in '*put*'
  (the *ó* and *u* phonemes are pronounced the same way)

- *s + i > si* – pronounced the same as *ś* ('*sheep*')
- *c + i > ci* – pronounced the same as *ć* ('*cheese*')
- *z + i > zi* – pronounced the same as *ź* ('*pleasure*')
- *n + i > ni* – pronounced the same as *ń* ('*onion*')
- *s + z > sz* – similar to the English '*sh*' as in '*shoe*', but pronounced harder
- *c + z > cz* – similar to the English '*ch*' as in '*chocolate*' or '*church*'
- *d + z > dz* – similar to the English connected speech as in '*red zone*'
- *d + ż > dż* – similar to the English '*g*' as in '*gentleman*'
- *d + ź > dź* – similar to the English '*j*' as in '*jeans*', but pronounced softer
- *r + z > rz* – pronounced the same as *ż* ('*pleasure*')
- *c + h > ch* – pronounced the same as *h* ('*hot*')

2a Proszę dwukrotnie wysłuchać nagrania. W trakcie drugiego słuchania proszę powtórzyć słowa za lektorem.

baco, bardzo, cztery, szeryf, dżudo, cudo, koń, koś, lecz, Lech, łazanki, łazienka, palić, palisz, poszła, poczta, rzeka, szuka, są, sok, Skoda, środa, że, źle

2b Co mówi lektor? Proszę wysłuchać nagrania i podkreślić właściwe słowa.

Przykład: <u>koń</u> / koś

a) że / źle
b) Lech / lecz
c) rzeka / szuka
d) dżudo / cudo
e) baco / bardzo
f) Skoda / środa
g) cztery / szeryf
h) są / sok
i) palić / palisz
j) poszła / poczta
k) łazanki / łazienka
l) groch / grosz

3 Proszę przeczytać na głos imiona i nazwiska znanych Polaków. Proszę zwrócić szczególną uwagę na wymowę wyróżnionych liter, a następnie wysłuchać nagrania i powtórzyć za lektorem wszystkie imiona i nazwiska.

Roman Polański

And**rz**ej Wajda

Ag**ni**eszka Holland

Helena Mod**rz**ejewska

Wisława **Sz**ymborska

Ry**sz**ard Kapu**ści**ński

Czesław **Ni**emen

Stanisław Wyspiański

Le**sz**ek Mo**żdż**er

Józef Pi**łsu**dski

Le**ch** Wałęsa

Tadeu**sz** Ko**ści**uszko

MODUŁ 4

DZIEŃ DOBRY! NAZYWAM SIĘ JAN KOWALSKI
HELLO! MY NAME IS JAN KOWALSKI
• powitanie • przedstawianie się • zwroty grzecznościowe
• *greetings* • *introductions* • *polite expressions*

1 Proszę wysłuchać nagrania i powtórzyć za lektorem wszystkie słowa i zwroty. Następnie proszę przywitać się z kolegą / koleżanką z grupy oraz z nauczycielem.

KONTAKT OFICJALNY OFFICIAL GREETINGS

a)

Dzień dobry!
Good morning!
Good afternoon!

Do widzenia!
Goodbye!

b)

Dobry wieczór!
Good evening!

Dobranoc!
Goodnight!

KONTAKT NIEOFICJALNY INFORMAL GREETINGS

c)

Cześć! / Hej!
Hi! / Hello!

Cześć! / Hej!
Bye! / See ya!

> The language of greetings and farewells is very rich. In unofficial situations, Poles may use the following when saying goodbye: ***Na razie!*** (See you soon!), ***Trzymaj się!*** (Take care!), ***Do zobaczenia!*** (See you!), ***Do jutra!*** (See you tomorrow!).

> It is not customary in Polish to say the surname of the person we are greeting. Instead, the polite forms **pan** (sir), **pani** (madam), **państwo** (ladies and gentlemen) can be used (*Dzień dobry pani! / Dzień dobry panu! / Dzień dobry państwu!*). A title can also be added to the greeting (*Dzień dobry, pani dyrektor! / Dzień dobry, panie dyrektorze!*).

> It is still customary, especially among the older generation, for men to kiss a woman's hand when saying hello or goodbye.

2 Proszę wysłuchać nagrania, a następnie przeczytać z kolegą / koleżanką dialogi a–e.

a)

Ewa Mazur: **Dzień dobry!** Hello!
Jan Filar: **Dzień dobry!** Hello!
Ewa Mazur: **Jak się pan nazywa?** What's your name?
Jan Filar: **Nazywam się Jan Filar. A pani?** My name is Jan Filar. What's yours?
Ewa Mazur: **Ewa Mazur.** Ewa Mazur.

---

nazywać się – to be called

1. (ja) nazywam się   1. (my) nazywamy się
2. (ty) nazywasz się   2. (wy) nazywacie się
3. on / ona nazywa się   3. oni / one nazywają się
♂ pan / ♀ pani nazywa się ♂♀ państwo nazywają się

The personal pronoun *oni* (they) is used to refer to a minimum of two men or a group of people with at least one man in the group. The personal pronoun *one* is used to refer to a minimum of two women or children.

b)

Dominik Konik: **Dobry wieczór!** Good evening!
Olga Kruk: **Dobry wieczór!** Good evening!
Dominik Konik: **Jak się pani nazywa?** What's your name?
Olga Kruk: **Nazywam się Olga Kruk. A pan?** My name is Olga Kruk. What's yours?
Dominik Konik: **Dominik Konik. Miło mi.** Dominik Konik. Nice to meet you.

> In formal contexts one should address individuals with the term **pan /pani** + verb in the 3rd person singular, e.g. *Jak się pan nazywa? / Jak się pani nazywa?* Mixed groups and pairs should be addressed with the term **państwo** + verb in the 3rd person plural. In the question *Jak się pan / pani nazywa?* the reflexive pronoun *się* is used before the verb but in statements it is used after the verb *Nazywam się Justyna Mazur*.

c)
Iwona Rejmer: **Dzień dobry! Nazywam się Iwona Rejmer. A ty? Jak się nazywasz?**
Hello! My name is Iwona Rejmer. And you? What's your name?
Kacper Grabowski: **Kacper Grabowski.** Kacper Grabowski.

d)
Paweł: **Cześć!** Hello!
Ela: **Cześć!** Hello!
Paweł: **Jak się nazywasz?** What's your name?
Ela: **Ela Nowak.** Ela Nowak.

> When an adult addresses a child or when a child or teenager addresses their peers the verb used will be in the 2nd person singular, e.g. *Jak (ty) się nazywasz?* The personal pronouns *ja* and *ty* are often omitted in Polish sentences. In the course of a conversation the older adult may invite the younger person to revert to the use of *ty*. Without this invitation the use of *ty* may cause offence.

e)
Julka: **Hej! Jestem Julka. A ty?** Hey! I'm Julka. What's your name?
Wojtek: **Hej! Jestem Wojtek.** Hi! I'm Wojtek.

być – to be
1. (ja) jestem
2. (ty) jesteś
3. on / ona jest
♂ pan / ♀ pani jest

1. (my) jesteśmy
2. (wy) jesteście
3. oni / one są
♂♀ państwo są

3 **Jak się nazywają osoby przedstawione na zdjęciach? Proszę dokończyć zdania, a następnie wysłuchać nagrania i sprawdzić swoje odpowiedzi.**

CD 12

Przykład:
On nazywa się
Albert Einstein .

a) Ona nazywa się
_____ .

b) On nazywa się _____ .

c) Oni nazywają się
_____
i _____ .

d) Ona nazywa się
_____ .

e) Oni nazywają się
_____
i _____ .

f) On nazywa się
_____ .

> The most popular female names include: *Anna, Maria, Katarzyna* and for men: *Jan, Andrzej, Piotr*.

> The most popular female names in recent years are: *Julia, Wiktoria, Zuzanna, Maja, Oliwia* and for men: *Jakub, Kacper, Mateusz, Szymon, Bartosz*.

4 Proszę wysłuchać nagrania i uzupełnić dialogi odpowiednimi zwrotami z ramki.

a)
– Dzień dobry!
– Dzień _dobry_!
– _____ się pan nazywa?
– _____ ____ Patryk Nowak. A pan?
– _____ Kowalski.
– _____ mi!

b)
– Cześć! _____ Filip.
– _____! Jestem Karolina.

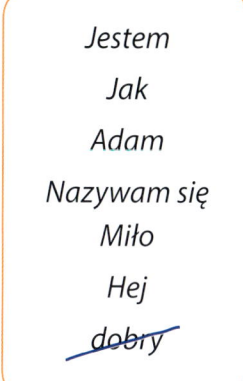

Jestem
Jak
Adam
Nazywam się
Miło
Hej
~~*dobry*~~

5 Proszę wysłuchać nagrania i powtórzyć za lektorem zwroty, zwracając szczególną uwagę na intonację.

a) **Przepraszam!**
b) **Proszę!**
c) **Tak!**
d) **Nie!**
e) **Dziękuję!**
f) **Dobrze!**
g) **Źle!**
h) **Nie rozumiem!**

- Przepraszam. – Sorry. / Excuse me.
- Proszę. – Please. / Here you are. / You are welcome.
- tak – yes
- nie – no
- Dziękuję. – Thank you.
- dobrze – good / correct
- źle – bad / wrong
- Nie rozumiem. – I don't understand.

> The word **Przepraszam** expresses an apology (corresponding to Sorry). It can also be used in a situation where you would like to attract someone's attention and ask something (corresponding to Excuse me).
> The word **Proszę** can be used to make a request (corresponding to Please). It can also be used in a situation where you are giving something to someone (corresponding to Here you are) or as a response to someone showing you gratitude (corresponding to You're welcome). Another usage would be when agreeing to purchase something, for example in a shop (corresponding to I'll have…).
> In order to give the person you are talking to some information about the level of your Polish skills, you can use the following statements:
> *Mówię dobrze po polsku.* ☺ (I speak Polish well.)
> *Mówię trochę po polsku.* 😐 (I speak a little Polish.)
> *Nie rozumiem. Nie mówię po polsku.* ☹ (I don't understand. I don't speak Polish.)

There are three basic conjugation groups in Polish.
Regular verbs have the following endings:

-m, -sz	-ę, -isz (-ysz)	-ę, -esz
PRZEPRASZAĆ	PROSIĆ	DZIĘKOWAĆ
to apologize	to request / to ask	to thank
1. (ja) przepraszam	1. proszę	1. dziękuję
2. (ty) przepraszasz	2. prosisz	2. dziękujesz
3. on / ona przeprasza	3. prosi	3. dziękuje
1. (my) przepraszamy	1. prosimy	1. dziękujemy
2. (wy) przepraszacie	2. prosicie	2. dziękujecie
3. oni / one przepraszają	3. proszą	3. dziękują

6a Proszę wysłuchać nagrania, zwracając szczególną uwagę na intonację, a następnie przeczytać z kolegą / koleżanką dialog z podziałem na role.
CD 15

6b Słuchając nagrania, proszę odegrać rolę Pawła z ćw. 6a. ● str. 96
CD 16

Recepcjonistka: **Dzień dobry!** Hello!
Paweł: **Dzień dobry!** Hello!
Recepcjonistka: **Jak się pan nazywa?** What's your name, sir?
Paweł: **Paweł Kotyk.** Paweł Kotyk.
Recepcjonistka: **Przepraszam, Kotek?** Excuse me, (did you say) Kotek?
Paweł: **Nie, Kotyk.** No, Kotyk.
Recepcjonistka: **Bardzo przepraszam. Proszę przeliterować!** I'm very sorry. Could you spell that, please?
Paweł: **K – o – t – y – k.** K – O – T – Y – K.
Recepcjonistka: **Dziękuję.** Thank you.
Paweł: **Proszę.** You're welcome.
Recepcjonistka: **Do widzenia!** Goodbye!
Paweł: **Do widzenia!** Goodbye!

7 Proszę podpisać obrazki odpowiednimi zwrotami z ramki.

Przykład: _Dzień dobry!_   a) _____

b) _____   c) _____

d) _____

Proszę!
~~Dzień dobry!~~
Cześć!
Przepraszam!
Do widzenia!

MODUŁ 4 — LISTA SŁÓWEK I ZWROTÓW

	SŁÓWKA	TŁUMACZENIE
1.	bardzo	
2.	dobrze	
3.	jestem	
4.	nazywa się	
5.	nazywają się	
6.	nazywam się	
7.	nazywasz się	
8.	nie	
9.	nie rozumiem	
10.	on	
11.	ona	
12.	oni	
13.	pan	
14.	pani	
15.	przeliterować	
16.	rozumiem	
17.	tak	
18.	ty	
19.	źle	

	ZWROTY	TŁUMACZENIE
1.	A pan / pani?	
2.	A ty?	
3.	Bardzo przepraszam!	
4.	Cześć!	
5.	Dobranoc!	
6.	Dobry wieczór!	
7.	Do widzenia!	
8.	Dzień dobry!	
9.	Dziękuję!	
10.	Hej!	
11.	Jak się nazywasz?	
12.	Jak się pan / pani nazywa?	
13.	Jestem Julka.	
14.	Nazywam się Olga Kruk.	
15.	Nie rozumiem!	
16.	Miło mi.	
17.	Proszę!	
18.	Proszę przeliterować!	
19.	Przepraszam!	

MODUŁ 4 ZADANIE DOMOWE

1 Proszę uzupełnić zwroty odpowiednimi słowami z ramki.

a) Dzień _dobry_!
b) Dobry _____!
c) Do _____!
d) Nie _____!
e) Proszę _____!
f) Bardzo _____!
g) Miło _____.

dobry
rozumiem
powtórzyć
wieczór
przepraszam
mi
widzenia

2 Jak oni się nazywają? Proszę połączyć ilustracje z odpowiednimi zdaniami.

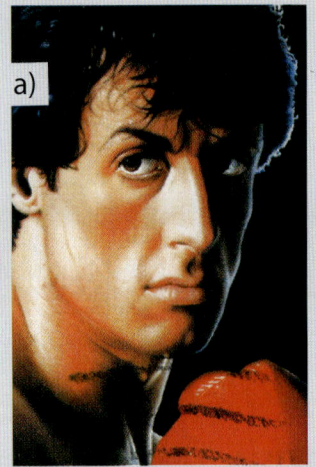
a)

b)

c)

d)

e)

f)

1. Ona nazywa się Audrey Hepburn.
2. Oni nazywają się Victoria i David Beckham.
3. Ona nazywa się Angela Merkel.
4. On nazywa się Sylvester Stallone.
5. Oni nazywają się The Beatles.
6. On nazywa się Harry Potter.

a	b	c	d	e	f
4					

MODUŁ 5   JAKA TO LICZBA? *WHAT'S THE NUMBER?*
• liczebniki • *numbers*

1 W ramach „rozgrzewki fonetycznej" proszę przeczytać na głos podane dźwięki, sylaby i słowa, a następnie wysłuchać nagrania i powtórzyć je za lektorem.

a) cz – cza – cze – czy – cztery
b) sz – sza – sze – szy – sześć
c) si – sia – sie – siedem – osiem
d) ci – cia – cie – jedenaście – dwanaście
e) dzi – dzia – dzie – dziewięć – dziesięć

2 Proszę dwukrotnie wysłuchać nagrania i powtórzyć za lektorem liczebniki 0–12.

0 – **zero**	3 – **trzy**	6 – **sześć**	9 – **dziewięć**	11 – **jedenaście**
1 – **jeden**	4 – **cztery**	7 – **siedem**	10 – **dziesięć**	12 – **dwanaście**
2 – **dwa**	5 – **pięć**	8 – **osiem**		

3 Proszę wysłuchać nagrania i wpisać właściwy liczebnik.

a	b	c	d	e	f	g	h	i	j	k	l
8											

4 Proszę wysłuchać nagrania z działaniami matematycznymi i uzupełnić brakujące liczebniki. Następnie proszę podyktować koledze / koleżance kilka prostych działań matematycznych.

+ plus   – minus   = to jest

Przykład: 3 + cztery = __7__

a) _____ + 5 = jedenaście
b) dwa + _____ = 10
c) _____ + _____ = 8
d) 4 + trzy = _____
e) _____ + jeden = _____
f) _____ – 10 = _____
g) osiem – 7 = _____
h) jedenaście – _____ = _____
i) _____ – 2 = _____
j) _____ – _____ = zero

5 Proszę połączyć liczebniki z odpowiednimi słowami.

The general rule of thumb in forming the Polish numbers 11–19 is to add **-naście** to the numbers 1–9, e.g. *dwa + naście = dwanaście*.

13 — trzynaście
14 — jedenaście
15 16 — szesnaście
dwanaście
11 17
dziewiętnaście
10 — piętnaście
12 19 — siedemnaście
czternaście — dziesięć — osiemnaście
18

6 Proszę powtórzyć za nauczycielem liczebniki 11–19, a następnie zamknąć książkę i słuchając nagrania, powtórzyć je jeszcze raz za lektorem.

CD 21

11 – **jedenaście**   14 – **czternaście**   17 – **siedemnaście**
12 – **dwanaście**   15 – **piętnaście**   18 – **osiemnaście**
13 – **trzynaście**   16 – **szesnaście**   19 – **dziewiętnaście**

7 Proszę utworzyć liczebniki, wykorzystując elementy z ramki. Następnie proszę wysłuchać nagrania i powtórzyć za lektorem słowa.

CD 22

> dwa pięć czter trzy
> sześć osiem dziewięć
> ~~dzie~~ siedem ~~st~~

If we want to say the number **21** in Polish, all we need to do is add *jeden* to the word *dwadzieścia* (*dwadzieścia + jeden = dwadzieścia jeden*).
22 is formed following the same pattern (*dwadzieścia + dwa = dwadzieścia dwa*) as are all subsequent numbers, e.g. **48** is *czterdzieści + osiem = czterdzieści osiem*,
123 is *sto + dwadzieścia + trzy = sto dwadzieścia trzy*.

10 a) _dzie_sięć

20 b) _____dzieścia

30 c) _____dzieści

40 d) _____dzieści

50 e) _____dziesiąt

60 f) _____dziesiąt

70 g) _____dziesiąt

80 h) _____dziesiąt

90 i) _____dziesiąt

100 j) _st_o

8 Proszę wysłuchać nagrania i zdecydować, czy liczebniki przeczytane przez lektora są takie same jak te zapisane poniżej (DOBRZE), czy też różnią się (ŹLE). Przy liczebnikach, które nie są takie same, proszę zanotować właściwą formę.

Przykłady:

	DOBRZE	ŹLE	
51	☒	☐	
16	☐	☒	6
a) 12	☐	☐	
b) 48	☐	☐	
c) 84	☐	☐	
d) 132	☐	☐	
e) 75	☐	☐	
f) 20	☐	☐	
g) 9	☐	☐	
h) 22	☐	☐	
i) 13	☐	☐	
j) 147	☐	☐	

9 Proszę wysłuchać uważnie nagrania. Lektor przeczyta kolejno 20 wybranych liczebników, które odpowiednio połączone utworzą rysunek. Jaki? Zaczynamy od cyfry 1.

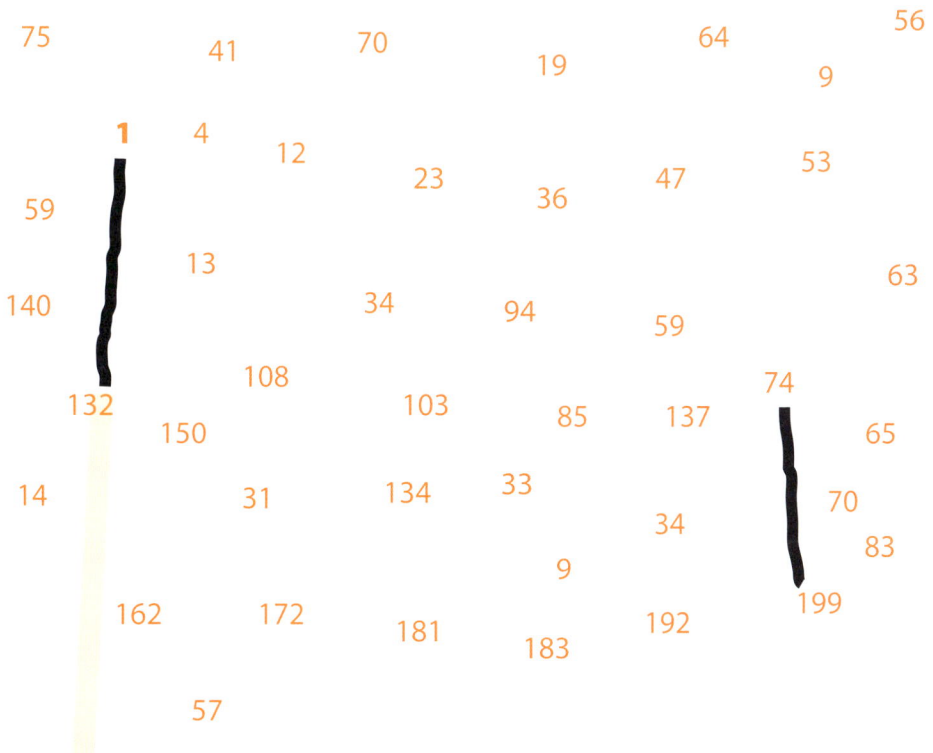

The Polish national symbols are:
* the white and red flag,
* the national anthem, the first line of which is *Jeszcze Polska nie zginęła* (Poland has not perished yet),
* the national emblem depicting a crowned eagle.

MODUŁ 5 — LISTA SŁÓWEK I ZWROTÓW

	SŁÓWKA	TŁUMACZENIE
1.	czterdzieści	
2.	czternaście	
3.	cztery	
4.	dwa	
5.	dwadzieścia	
6.	dwanaście	
7.	dziesięć	
8.	dziewięć	
9.	dziewięćdziesiąt	
10.	dziewiętnaście	
11.	jeden	
12.	jedenaście	
13.	minus	
14.	osiem	
15.	osiemdziesiąt	
16.	osiemnaście	
17.	pięć	
18.	pięćdziesiąt	
19.	piętnaście	
20.	plus	
21.	siedem	
22.	siedemdziesiąt	
23.	siedemnaście	
24.	sto	
25.	szesnaście	
26.	sześć	
27.	sześćdziesiąt	
28.	trzy	
29.	trzydzieści	
30.	trzynaście	
31.	zero	

	ZWROTY	TŁUMACZENIE
1.	Jeden plus jeden to jest dwa.	

MODUŁ 5 — ZADANIE DOMOWE

1 Proszę zapisać słownie sumę oczek znajdujących się na kostkach do gry.

a) 5 + 6 = _jedenaście_

b) 3 + 3 = _____

c) 4 + 2 = _____

d) 5 + 5 = _____

e) 1 + 2 = _____

f) 4 + 1 = _____

2 Proszę dopisać odpowiednie końcówki liczebników.

a) 12 – dwa _naście_
b) 30 – trzy _dzieści_
c) 70 – siedem _dziesiąt_
d) 90 – dziewięć _____
e) 14 – czter _____
f) 40 – czter _____
g) 50 – pięć _____
h) 18 – osiem _____
i) 20 – dwa _____
j) 11 – jede _____

3 Proszę zaznaczyć w tabeli poniższe liczebniki.

(trzydzieści trzy)   czternaście   osiemdziesiąt dziewięć   cztery   sto
pięćdziesiąt jeden   siedemnaście   czterdzieści cztery   dwadzieścia sześć
dziewięćdziesiąt siedem

1	11	21	31	41	51	61	71	81	91
2	12	22	32	42	52	62	72	82	92
3	13	23	(33)	43	53	63	73	83	93
4	14	24	34	44	54	64	74	84	94
5	15	25	35	45	55	65	75	85	95
6	16	26	36	46	56	66	76	86	96
7	17	27	37	47	57	67	77	87	97
8	18	28	38	48	58	68	78	88	98
9	19	29	39	49	59	69	79	89	99
10	20	30	40	50	60	70	80	90	100

MODUŁ 6 **CHCĘ WYMIENIĆ PIENIĄDZE** *I'D LIKE TO EXCHANGE SOME MONEY*

• polskie monety i banknoty • nazwy walut • wymiana pieniędzy
• *Polish coins and banknotes • names of currencies • currency exchange*

1 Proszę obejrzeć zdjęcia polskich monet i banknotów, a następnie wysłuchać nagrania i powtórzyć za lektorem ich nominały.

MONETY COINS

a) jeden grosz   b) dwa grosze   c) pięć groszy   d) dziesięć groszy   e) dwadzieścia groszy

f) pięćdziesiąt groszy   g) jeden złoty   h) dwa złote   i) pięć złotych

BANKNOTY BANKNOTES

a) dziesięć złotych   b) dwadzieścia złotych   c) pięćdziesiąt złotych

d) sto złotych   e) dwieście złotych

Why *złote* and *złotych*? The amount is the deciding factor for the correct form.
1 – *złoty* (popularly referred to as *złotówka*);
2 or 3 or 4 – *złote*; 5 ..... 21 – *złotych*; 22 or 23 or 24 – *złote*; 5 ..... 31 – *złotych*.
From 21 and above the following rule applies: the form *złote* is used for amounts ending in -2, -3, -4 (e.g. 42 *złote*, 63 *złote*, 104 *złote*), whereas other amounts use the form *złotych* (e.g. 36 *złotych*, 81 *złotych*, 95 *złotych*). A similar rule applies to the groszy.
1 – *grosz*; 2 or 3 or 4 – *grosze*; 5 ..... 21 – *groszy*; -2 / -3 / -4 – *grosze*, other amounts – *groszy* (e.g. 34 *grosze*, 50 *groszy*, 55 *groszy*).

The portraits depicted on these banknotes are previous rulers of Poland from the 10th to the 16th century.

2 Proszę podkreślić właściwą odpowiedź.

Przykład:
a) jeden grosz
b) <u>jeden złoty</u>
c) jeden złote

2)
a) dwa złote
b) dwa grosze
c) dwa złotych

1)
a) dziesięć złotych
b) dziewięć złotych
c) dziesięć złote

3)
a) piętnaście złotych
b) pięćset złotych
c) pięćdziesiąt złotych

4)
a) sto groszy
b) sto złotych
c) sto złote

5)
a) piętnaście groszy
b) pięćset groszy
c) pięćdziesiąt groszy

 3a Ile to jest? Wykorzystując słowa z ramki, proszę dopasować liczebniki do banknotów.

> osiemset   sto   dwieście   ~~tysiąc~~   ~~trzysta~~
> czterysta   sześćset   ~~pięćset~~   siedemset   dziewięćset

a) _____ złotych

b) _____ złotych

c) ___*trzysta*___ złotych

d) _____ złotych

e) ___*pięćset*___ złotych

f) _____ złotych

g) _____ złotych

h) _____ złotych

i) _____ złotych   j) ____*tysiąc*____ złotych

 3b Proszę wysłuchać nagrania i sprawdzić swoje odpowiedzi z ćw. 3a. Następnie proszę jeszcze raz wysłuchać nagrania i powtórzyć za lektorem liczebniki.

 4a Proszę wysłuchać nagrania, a następnie przeczytać z kolegą / koleżanką dialogi a i b z podziałem na role.

a)

Turysta: **Dzień dobry!**
Kasjer: **Dzień dobry!**
Turysta: **Chcę wymienić euro.**
Kasjer: **Ile?**
Turysta: **100 euro.**
Kasjer: **401 złotych, proszę.**
Turysta: **Dziękuję.**

Tourist: Hello!
Cashier: Hello!
Tourist: I'd like to exchange some Euros.
Cashier: How much?
Tourist: 100 Euro.
Cashier: 401 zlotys, here you are.
Tourist: Thank you.

- Chcę wymienić… . – I would like to exchange… .
- Ile? – How much?
- aktualny kurs – current exchange rate
- kupno – buy
- sprzedaż – sell
- paragon – receipt

chcieć – to want
1. (ja) chcę
2. (ty) chcesz
3. on / ona chce

1. (my) chcemy
2. (wy) chcecie
3. oni / one chcą

b)

Turysta: **Dzień dobry!**
Kasjer: **Dzień dobry!**
Turysta: **Jaki jest aktualny kurs euro?**
Kasjer: **Kupno 4,04 zł, sprzedaż 4,12 zł.**
Turysta: **Dobrze. Chcę wymienić 200 euro.**
Kasjer: **Bardzo proszę. 808 złotych. To jest paragon.**
Turysta: **Dziękuję. Do widzenia!**

Tourist: Hello!
Cashier: Hello!
Tourist: What is the current exchange rate for the Euro?
Cashier: We buy at 4.04, and we sell at 4.12.
Tourist: OK. I would like to exchange 200 Euros.
Cashier: Very well. 808 zlotys. Here is your receipt.
Tourist: Thank you! Good bye.

Bureaux de change in Poland are safe. Money can also be exchanged in banks, but as a rule, these offer lower exchange rates than bureaux de change located at train stations or at the airport.

4b Słuchając nagrania, proszę odegrać rolę turysty z ćw. 4a. ● str. 97

5 Proszę wysłuchać nagrania i uzupełnić tabelę z kursami walut.

waluta currency	kraj country	kupno (PLN) buy – the currency Bureux de change buys euros, dollars, etc. from the customer	sprzedaż (PLN) sell – the currency Bureux de change sells euros, dollars, etc. to the customer
1 euro (EUR)	Unia Europejska The European Union	4,0_4_	4,_12_
1 dolar (USD)	USA	….,90	2,96
1 frank szwajcarski (CHF)	Szwajcaria Switzerland	2,99	….,05
1 funt (GBP)	Wielka Brytania Great Britain	4,….4	4,….3
1 korona (NOK)	Norwegia Norway	0,50	0,5….

25

6 Proszę wysłuchać nagrania i uzupełnić dialogi.

a)
Turysta: **Chcę wymienić** _dolary_ .
Kasjer: **Ile?**
Turysta: _____ .
Kasjer: _____ **złotych, proszę.**
Turysta: **Dziękuję.**

b)
Turysta: **Chcę wymienić** _____ .
Kasjer: **Ile?**
Turysta: _____ .
Kasjer: _____ **złotych, proszę.**
Turysta: **Dziękuję.**

c)
Turysta: **Chcę wymienić** _____ .
Kasjer: **Ile?**
Turysta: **1000.**
Kasjer: _____ **złotych, proszę.**
Turysta: **Dziękuję.**

euro – euro
euro – euros
dolar – dolary
dollar – dollars
frank – franki
franc – francs
funt – funty
pound – pounds
korona – korony
crown – crowns
złoty – złote
zloty – zlotys

7 Proszę utworzyć z kolegą / koleżanką dialog, wykorzystując słowa i zwroty: **Ile? / Chcę wymienić korony / 100**, a następnie zaprezentować go na forum grupy.

MODUŁ 6 — LISTA SŁÓWEK I ZWROTÓW

	SŁÓWKA	TŁUMACZENIE
1.	aktualny	
2.	banknoty	
3.	chcę	
4.	czterysta	
5.	dolar	
6.	dolary	
7.	dwieście	
8.	dziewięćset	
9.	euro	
10.	frank	
11.	franki	
12.	funt	
13.	funty	
14.	grosz	
15.	grosze	
16.	ile	
17.	jaki	
18.	kasjer	
19.	korona	
20.	korony	
21.	kraj	
22.	kurs	
23.	monety	
24.	Norwegia	
25.	osiemset	
26.	paragon	
27.	pięćset	
28.	siedemset	
29.	sprzedaż	
30.	sześćset	
31.	Szwajcaria	
32.	trzysta	
33.	turysta	
34.	tysiąc	
35.	Unia Europejska	
36.	USA	
37.	waluta	
38.	Wielka Brytania	
39.	wymienić	
40.	złoty	
41.	złote	

	ZWROTY	TŁUMACZENIE
1.	Chcę wymienić euro.	
2.	Ile?	
3.	Jaki jest aktualny kurs euro?	
4.	To jest paragon.	

MODUŁ 6   **ZADANIE DOMOWE**

1 Proszę napisać, jaką walutę mają poniższe kraje.

Wielka Brytania   Norwegia   Unia Europejska   Szwajcaria   USA

a) __funt__   b) _____   c) _____   d) _____   e) _____

2 Proszę uzupełnić dialogi odpowiednimi słowami z ramki.

a)
Turysta: **Dzień dobry!**
Kasjer: **Dzień dobry!**
Turysta: **Chcę __wymienić__ euro.**
Kasjer: _____ ?
Turysta: _____ **euro.**
Kasjer: **401** _____ **, proszę.**
Turysta: _____ .

Dziękuję
Ile
~~wymienić~~
złotych
100

b)
Turysta: **Dzień dobry!**
Kasjer: **Dzień dobry!**
Turysta: **Jaki jest aktualny __kurs__ euro?**
Kasjer: **Kupno 4,04 zł,** _____ **4,12 zł.**
Turysta: **Dobrze.** _____ **wymienić 200 euro.**
Kasjer: **Bardzo proszę.** _____ **złotych. To jest** _____ .
Turysta: **Dziękuję. Do widzenia!**

Chcę
~~kurs~~
paragon
sprzedaż
808

3 Proszę zapisać słownie brakujące liczebniki.

a) 222 – __dwieście__ dwadzieścia dwa
b) 333 – trzysta _____ trzy
c) 444 – _____ czterdzieści cztery
d) 555 – pięćset pięćdziesiąt _____
e) 666 – sześćset _____ sześć
f) 777 – _____ siedemdziesiąt siedem
g) 888 – _____ osiemdziesiąt osiem
h) 999 – dziewięćset dziewięćdziesiąt _____
i) 1111 – _____ sto jedenaście

MODUŁ 7 — ILE TO KOSZTUJE? *HOW MUCH DOES IT COST?*

- nazwy podstawowych artykułów • pytanie o cenę • zakupy w kiosku
- *names of basic products • asking about prices • shopping at a kiosk*

1 Wykorzystując informacje z ramki, proszę wpisać brakujące litery.

> znaczek   zapalniczka   pocztówka   papierosy
> ~~karta telefoniczna~~   bilet   guma do żucia   długopis
> gazeta   chusteczki higieniczne   mapa   koperta

  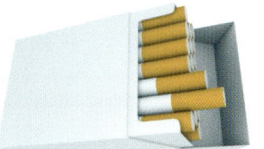 

Przykład:
ka _r t a_ te _l e f_ oniczna   a) m _ _ a   b) p _ pie _ _ _ _   c) _ _ cztówka

g) _ ilet normalny

d) ch _ _ _ eczki higieniczne   e) z _ p _ lniczk _   f) zna _ _ _ k

bilet ulgowy

 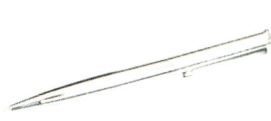  

h) guma _ _ żucia   i) dł _ g _ pis   j) kop _ _ ta   k) _ azet _

You can buy the following types of tickets for public transportation: **bilet godzinny** (hourly) / **dzienny** (daily) / **tygodniowy** (weekly) / **miesięczny** (monthly). Some cities (e.g. Łódź, Szczecin, Warszawa, Kraków) also offer 15- and 30-minute tickets. If one is planning a longer stay in Poland or intends to use public transportation often, it is more economical to acquire a monthly pass than to buy individual tickets.
Bilet ulgowy (reduced fare tickets) are subsidised tickets and are only available for children, students and pensioners.

2 Proszę wysłuchać nagrania i powtórzyć za lektorem sylaby i grupy sylab, które ułożą się w słowa z ćw. 1.

a) sy – osy – rosy – erosy – pierosy – papierosy
b) ka – ówka – tówka – cztówka – pocztówka
c) ki – czki – eczki – teczki – steczki – chusteczki
d) ek – czek – aczek – znaczek
e) ka – czka – niczka – alniczka – zapalniczka
f) is – pis – opis – gopis – długopis
g) ta – erta – perta – koperta
h) ta – eta – zeta – gazeta
i) alny – malny – normalny – let normalny – bilet normalny
j) wy – owy – gowy – ulgowy – bilet ulgowy
k) na – iczna – foniczna – telefoniczna – ta telefoniczna – karta telefoniczna
l) cia – ucia – żucia – do żucia – guma do żucia

3a Jaka jest liczba mnoga? Proszę przeanalizować formy z ramki, a następnie przeczytać na głos wszystkie słowa.

znaczek — znaczk**i**

bilet — bilet**y**

pocztówka — pocztówk**i**

koperta — kopert**y**

3b Co mówi lektor? Proszę wysłuchać nagrania i podkreślić właściwą cenę.

ILE KOSZTUJE...? HOW MUCH DOES THIS... COST?

Przykład: Pocztówka kosztuje
1,10 zł / 1,20 zł / 1,50 zł.

a) Znaczek kosztuje
1,55 zł / 2,55 zł / 3,55 zł.

b) Bilet ulgowy kosztuje
1,25 zł / 1,55 zł / 15,30 zł.

c) Zapalniczka kosztuje
3 zł / 4 zł / 5 zł.

ILE KOSZTUJĄ...? HOW MUCH DO THESE... COST?

d) Pocztówki kosztują
2,20 zł / 2,30 zł / 2,40 zł.

e) Znaczki kosztują
3,10 zł / 5,10 zł / 7,10 zł.

f) Bilety normalne kosztują
5 zł / 5,15 zł / 5,50 zł.

g) Chusteczki kosztują
1 zł / 2 zł / 3 zł.

h) Papierosy kosztują
8 zł / 9 zł / 10 zł.

4 *Kosztuje* czy *kosztują*? Proszę wpisać właściwą formę czasownika, a następnie wysłuchać nagrania i sprawdzić swoje odpowiedzi.

Przykład: – Przepraszam, ile __kosztują__ chusteczki?
– 1 zł.

a) – Przepraszam, ile _____ gazeta *Film*?
– 9,90 zł.

b) – Przepraszam, ile _____ bilet ulgowy?
– 1,25 zł.

c) – Przepraszam, ile _____ papierosy *Pall Mall*?
– 10 zł.

d) – Przepraszam, ile _____ dwa znaczki?
– 5 zł.

e) – Przepraszam, ile _____ długopis?
– 1 zł.

5 Proszę wysłuchać nagrania, a następnie przeczytać z kolegą / koleżanką dialogi a i b z podziałem na role.

a)
Klient: **Dzień dobry! Poproszę papierosy *Marlboro*. Ile kosztują?**
Sprzedawca: **9 złotych.**
Klient: **Dobrze. Proszę.**
Sprzedawca: **Coś jeszcze?**
Klient: **Nie, dziękuję. To wszystko.**

Customer: Hello. May I have (a pack of) *Marlboro* cigarettes? How much are they?
Shop assistant: 9 zlotys.
Customer: OK. I'll take them.
Shop assistant: Anything else?
Customer: No, thank you. That's all.

- Proszę.... – May I have...?
- Ile kosztuje...? – How much does this... cost?
- Ile kosztują...? – How much do these... cost?
- Ile płacę? – How much is that?
- Coś jeszcze? – Anything else?
- To wszystko. – That's all.
- drobne – w small change

You may use either *Proszę* or even more polite *Poproszę*.

b)
Klient: **Dzień dobry! Poproszę bilet.**
Sprzedawca: **Normalny czy ulgowy?**
Klient: **Normalny.**
Sprzedawca: **Coś jeszcze?**
Klient: **Czy jest mapa Krakowa?**
Sprzedawca: **Tak, jest.**
Klient: **Ile kosztuje?**
Sprzedawca: **5 złotych.**
Klient: **Dobrze, proszę. Ile płacę?**
Sprzedawca: **7,50. Proszę drobne.**
Klient: **Proszę.**
Sprzedawca: **Dziękuję.**

Customer: Hello. May I have a ticket please?
Shop assistant: Regular or reduced fare?
Customer: Regular.
Shop assistant: Anything else?
Customer: Do you have a map of Krakow?
Shop assistant: Yes, I do.
Customer: How much does it cost?
Shop assistant: 5 zlotys.
Customer: Ok, I'll take it. How much is that altogether?
Shop assistant: 7. 50. Do you have small change?
Customer: Here you are.
Shop assistant: Thank you.

To jest… .	Proszę… .
This is… .	Can / May I have…?
bilet	bilet
długopis	długopis
znaczek	znaczek
gazet**a**	gazet**ę**
gum**a** do żucia	gum**ę** do żucia
kart**a** telefonicz**na**	kart**ę** telefonicz**ną**
kopert**a**	kopert**ę**
map**a**	map**ę**
pocztówk**a**	pocztówk**ę**
zapalniczk**a**	zapalniczk**ę**
To są… .	**Proszę… .**
This are… .	Can / May I have…?
chusteczki	chusteczki
papierosy	papierosy

When we use the verb **Proszę…** with nouns ending in -**a**, the -**a** changes to -**ę**, e.g. *To jest mapa, pocztówka, gazeta…* becomes *Proszę mapę, pocztówkę, gazetę…* The -**ę** at the end of words is pronounced /e/ (as in men).

---

6 Proszę wysłuchać sześciu krótkich dialogów i zakreślić to, co kupują klienci.

Przykład: Proszę

a) Proszę

b) Proszę

c) Proszę

d) Proszę

e) Proszę

f) Proszę

Only people who are of age – i.e. 18 and above – can purchase alcohol and cigarettes in Poland. A sales person can ask customers for ID. Debit or credit cards are not usually accepted in kiosks or smaller shops. Sometimes they will be accepted for a minimum amount, e.g. 10 zlotys.

7 Proszę uzupełnić dialog, zastępując ilustracje i cyfry słowami.

Klient: Dzień dobry! Proszę _chusteczki_,

___dwa___ (2) _____

i _____ (3) _____ .

Sprzedawca: Coś jeszcze?

Klient: Czy są _____ ?

Sprzedawca: Nie ma.

Klient: Aha. Ile płacę?

Sprzedawca: _____ (9) złotych.

Klient: Proszę i dziękuję.

> In Polish we use **Nie ma** to say that something or someone doesn't exist or is not present. It has numerous equivalents in English, for example: *Czy jest mapa? Nie, nie ma.* (Do you have a map? No, we don't), *Czy są znaczki? Nie, nie ma.* (Are there any stamps? No, there aren't), *Czy jest dyrektor? Nie, nie ma.* (Is the director in? No, he isn't).

> Stamps are usually sold at the post office. Sometimes, in tourist places, they can be purchased in shops or kiosks. The price of a stamp for a letter and a postcard is the same.

8 Proszę utworzyć z kolegą / koleżanką dialog, wykorzystując słowa i zwroty: Proszę… / To wszystko / Coś jeszcze? / Ile kosztuje? / gazetę *Kino*, **a następnie zaprezentować go na forum grupy.**

_____
_____
_____
_____
_____
_____

9 Proszę znaleźć dwanaście ukrytych słów. (→ ↓ ←)

P	O	C	Z	T	Ó	W	K	A	A	G	K
K	Z	M	N	A	T	R	A	K	T	U	O
O	N	G	A	Z	E	T	A	P	R	M	S
P	A	P	I	E	R	O	S	Y	R	A	B
E	C	H	U	S	T	E	C	Z	K	I	R
R	Z	M	A	P	A	Ń	B	I	L	E	T
T	E	D	Ł	U	G	O	P	I	S	T	E
A	K	Z	C	I	N	L	A	P	A	Z	G

MODUŁ 7 — LISTA SŁÓWEK I ZWROTÓW

	SŁÓWKA	TŁUMACZENIE
1.	bilet	
2.	bilet normalny	
3.	bilet ulgowy	
4.	bilety	
5.	chusteczki higieniczne	
6.	długopis	
7.	drobne	
8.	gazeta	
9.	guma do żucia	
10.	karta telefoniczna	
11.	koperta	
12.	koperty	
13.	kosztują	
14.	kosztuje	
15.	mapa	
16.	papierosy	
17.	płacę	
18.	pocztówka	
19.	pocztówki	
20.	zapalniczka	
21.	znaczek	
22.	znaczki	

	ZWROTY	TŁUMACZENIE
1.	Coś jeszcze?	
2.	Czy jest mapa?	
3.	Czy są znaczki?	
4.	Ile kosztują…?	
5.	Ile kosztuje…?	
6.	Ile płacę?	
7.	Nie ma.	
8.	Poproszę / Proszę…	
9.	Proszę drobne.	
10.	To wszystko.	

MODUŁ 7   **ZADANIE DOMOWE**

1 Proszę przeczytać dialogi i uzupełnić początki zdań odpowiednimi słowami z ramki.

a)
Klient: _Dzień_ dobry! _____ papierosy Marlboro. _____ kosztują?
Sprzedawca: **9 złotych.**
Klient: _____ , proszę.
Sprzedawca: _____ jeszcze?
Klient: _____ , dziękuję. _____ wszystko.

Dobrze
Ile
~~Dzień~~
Nie   To
Poproszę
Coś

b)
Klient: **Dzień dobry!** _Poproszę_ **bilet.**
Sprzedawca: _____ czy ulgowy?
Klient: **Normalny.**
Sprzedawca: _____ jeszcze?
Klient: _____ jest mapa Krakowa?
Sprzedawca: _____ , jest.
Klient: _____ kosztuje?
Sprzedawca: **5 złotych.**
Klient: _____ , proszę. Ile płacę?
Sprzedawca: **7,50.** _____ drobne.
Klient: **Proszę.**
Sprzedawca: _____ .

Coś
Tak
~~Poproszę~~
Normalny
Proszę
Czy
Ile
Dobrze
Dziękuję

2 Proszę zapisać słownie ceny przedmiotów przedstawionych na ilustracjach.

a) *Gazeta Krakowska* kosztuje __trzy__ złote.
b) Długopis kosztuje _____ złotych.
c) Cztery bilety normalne kosztują _____ złotych.
d) Papierosy kosztują _____ złotych.
e) Zapalniczka kosztuje _____ złote.
f) Mapa kosztuje _____ złotych.

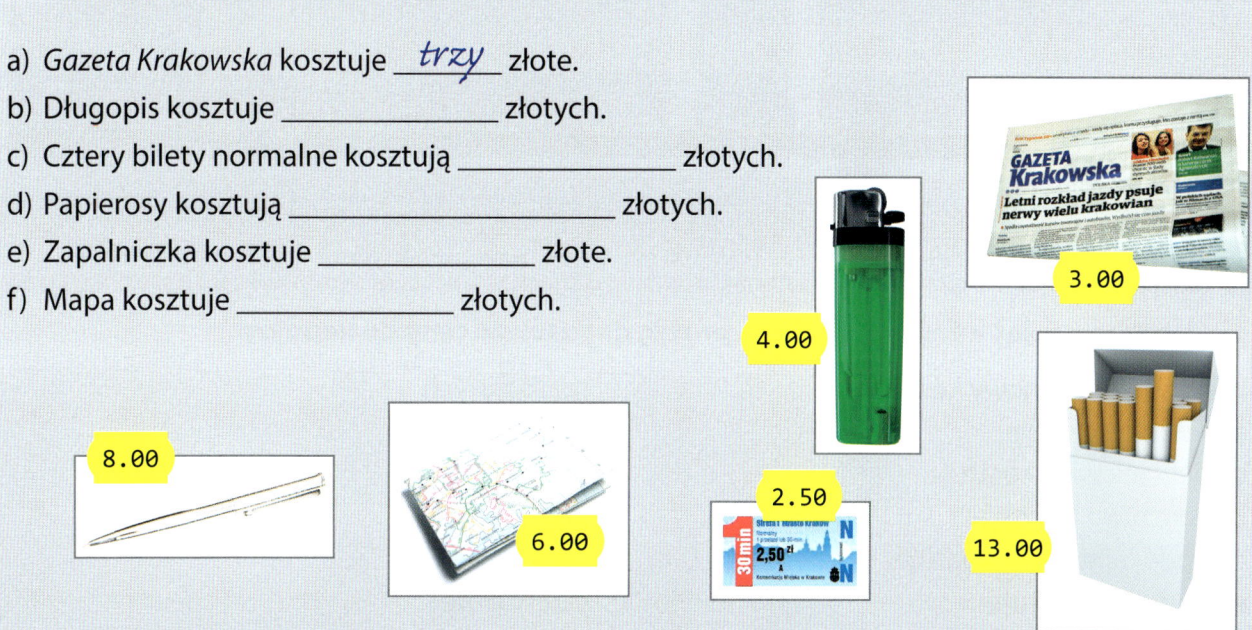

35

MODUŁ 8 **DLA MNIE KAWA Z MLEKIEM** *A WHITE COFFEE FOR ME, PLEASE*

• zamawianie napojów w kawiarni   • *ordering drinks at a cafe*

1 Proszę zapoznać się z kartą z kawiarni *Stare Miasto*, a następnie wysłuchać nagrania i powtórzyć za lektorem nazwy napojów.

Kawiarnia ~~Stare Miasto~~
The Old Town Café
KARTA – Menu

NAPOJE BEZALKOHOLOWE
Non-alcoholic drinks

ALKOHOLE
Alcoholic drinks

a) **kawa z mlekiem** 5 zł

e) **sok jabłkowy** 4 zł

a) **piwo**
piwo małe 6 zł   piwo duże 8 zł

b) **espresso** 5 zł

f) **sok pomarańczowy** 4 zł

piwo z sokiem 7 zł

c) **herbata** 3 zł

g) **sok bananowy** 4 zł

b) **wino** kieliszek wina 8 zł

d) **czekolada** 7 zł

h) **woda mineralna** 4 zł
gazowana
niegazowana

butelka wina 45 zł

c) **szampan** 10 zł

In the Polish mountains, people often drink ***Herbat(k)a z prądem*** (electrically charged tea) also called ***Herbat(k)a po góralsku*** (Highlander's tea). It contains an additional 'strengthening' ingredient – alcohol.

---

  2 Wykorzystując informacje z ćw. 1, proszę dopasować ceny do napojów.

Przykład: sok bananowy kosztuje — sześć złotych
a) herbata kosztuje — dziesięć złotych
b) kieliszek wina kosztuje — pięć złotych
c) małe piwo kosztuje — cztery złote
d) woda mineralna kosztuje — trzy złote
e) szampan kosztuje — cztery złote
f) kawa z mlekiem kosztuje — osiem złotych
g) czekolada kosztuje — siedem złotych

Popular drinks in Poland:
Teraz Polska (Poland Now; vodka and raspberry juice), *Wściekły pies* (Mad dog; vodka, raspberry juice, strawberry juice and tabasco sauce), *Tatanka* (Bison grass vodka and apple juice).

 3 Proszę przeczytać na głos poniższe zdania, zastępując ilustracje odpowiednimi słowami.

a)  kosztuje 7 złotych.   b)  kosztuje 8 złotych.

c)  kosztuje 3 złote.   d)  kosztuje 10 złotych.

e) Sok  kosztuje 4 złote.   f) Piwo z  kosztuje 7 złotych.

 4a Proszę zapytać kolegę / koleżankę, jakie napoje gorące można kupić w automacie. Proszę porównać swoje propozycje z zawartością ramki.

 + herbata + cytryna = **herbata z cytryną**

 +  herbata + cukier = **herbata z cukrem**

 −  herbata − cukier = **herbata bez cukru**

 +  kawa + mleko = **kawa z mlekiem**

 −  kawa − mleko = **kawa bez mleka**

 +  cukier + cukier = **podwójny cukier**

4b Wykorzystując informacje z ćw. 4a, proszę napisać, jakie to napoje.

Przykład: +    *kawa z mlekiem*

a)  −  +    _____

b) −   _____

c)  +   _____

5 Proszę wysłuchać nagrania, a następnie zdecydować, czy zdania są prawdziwe (TAK), czy fałszywe (NIE).

a)

Kelner: **Dzień dobry!**	Waiter: Hello!
Anna: **Dzień dobry!**	Anna: Hi!
Kelner: **Proszę, tu jest karta.**	Waiter: Here's the menu.
Anna: **Proszę sok jabłkowy.**	Anna: I'll have an apple juice, please.
Barbara: **Dla mnie woda mineralna niegazowana, z lodem.**	Barbara: A still mineral water with ice for me.
Kelner: **Coś jeszcze?**	Waiter: Anything else?
Anna: **Nie, dziękuję.**	Anna: No, thank you.

b)

Kelner: **Dzień dobry!**	Waiter: Hello!
Adam: **Proszę piwo. Ile kosztuje duże?**	Adam: Can I have a beer, please? How much is a large one?
Kelner: **8 złotych.**	Waiter: 8 zlotys.
Adam: **A małe?**	Adam: And a small one?
Kelner: **5 złotych.**	Waiter: 5 zlotys.
Adam: **Proszę duże.**	Adam: I'll take the large one.
Ewa: **Dla mnie kawa z mlekiem.**	Ewa: And a white coffee for me.
Kelner: **Coś jeszcze?**	Waiter: Anything else?
Adam: **To wszystko. Dziękuję.**	Adam: That's all. Thank you.
30 minut później	*30 minutes later*
Adam: **Proszę rachunek.**	Adam: Can I have the bill, please?
Kelner: **Proszę.**	Waiter: Here you are.

Dla mnie… .	Proszę / Zamawiam… .
… for me.	Can / May I have…? / I'd like… to order.
kieliszek wina	kieliszek wina
sok	sok
szampan	szampan(a)
butelka wina	butelkę wina
czekolada	czekoladę
herbata	herbatę
kawa z mlekiem	kawę z mlekiem
woda mineralna	wodę mineralną
piwo	piwo
piwo z sokiem	piwo z sokiem

- karta – menu
- rachunek – bill
- zamawiać – to order

After the word **Zamawiam…** (as with the word **Proszę…** – see page 32), with nouns ending in **-a**, the **-a** changes to **-ę**, e.g. *To jest kawa, herbata, woda…* changes to *Zamawiam / Proszę kawę, herbatę, wodę…* The **-ę** at the end of such nouns is pronounced /e/ (as in men).

Przykład: Anna zamawia sok pomarańczowy.	TAK / <u>NIE</u>
a) Duże piwo kosztuje 8 złotych.	TAK / NIE
b) Małe piwo kosztuje 5 złotych.	TAK / NIE
c) Adam zamawia duże piwo.	TAK / NIE
d) Kawa jest bez mleka.	TAK / NIE
e) Adam zamawia też sok jabłkowy.	TAK / NIE
f) Barbara zamawia wodę gazowaną.	TAK / NIE

6 Proszę uzupełnić dialog odpowiednimi słowami z ramki.

Kelner: Dzień dobry!
Adam: Proszę piwo. Ile _kosztuje_ duże?
Kelner: 8 _____ .
Adam: A małe?
Kelner: 5 złotych.
Adam: Proszę duże.
Ewa: A dla mnie kawa z _____ .
Kelner: Czy _____ jeszcze?
Adam: To _____ . Dziękuję.

30 minut później
Adam: Proszę _____ .
Kelner: Proszę.

~~kosztuje~~   rachunek   coś
mlekiem   złotych   wszystko

Tipping is not obligatory in Poland. Often it is arbitrary and the amount depends on one's satisfaction with the service. A typical amount would be 5–10% of the bill.

Proszę na wynos is an expression used when one wants to order a take-away. The expression *Proszę na miejscu* is used when one wishes to eat or drink in the restaurant or coffee shop.

7 Proszę utworzyć z kolegą / koleżanką dialog, wykorzystując słowa i zwroty: czekolada / Proszę. / Dla mnie…, **a następnie zaprezentować go na forum grupy.**

_____
_____
_____
_____

8 Proszę rozwiązać krzyżówkę. Jakie jest hasło?

1) 2) 3) 4) 5) 6) herbata z ...
7) herbata z ...
8)
9)

1) S O K

MODUŁ 8 — LISTA SŁÓWEK I ZWROTÓW

	SŁÓWKA	TŁUMACZENIE
1.	alkohole	
2.	butelka wina	
3.	cukier	
4.	cytryna	
5.	czekolada	
6.	dla mnie	
7.	duży	
8.	herbata	
9.	herbata bez cukru	
10.	herbata z cukrem	
11.	herbata z cytryną	
12.	karta	
13.	kawa	
14.	kawa bez mleka	
15.	kawa z mlekiem	
16.	kawiarnia	
17.	kieliszek wina	
18.	mały	
19.	napoje bezalkoholowe	
20.	piwo	
21.	piwo małe / duże	
22.	piwo z sokiem	
23.	podwójny cukier	
24.	sok	
25.	sok bananowy	
26.	sok jabłkowy	
27.	sok pomarańczowy	
28.	też	
29.	tu	
30.	szampan	
31.	wino	
32.	woda mineralna	
33.	woda mineralna gazowana	
34.	woda mineralna niegazowana	
35.	woda mineralna z lodem	
36.	zamawia	

	ZWROTY	TŁUMACZENIE
1.	Dla mnie woda mineralna.	
2.	Ile kosztuje małe / duże piwo?	
3.	Proszę piwo.	
4.	Proszę rachunek.	
5.	Proszę, tu jest karta.	

MODUŁ 8 — ZADANIE DOMOWE

1a Proszę przeczytać dialog i uzupełnić partie Anny odpowiednimi zdaniami z ramki.

Kelner: **Dzień dobry!**
Anna: _Dzień dobry!_
Kelner: **Proszę, tu jest karta.**
Anna: _____
Barbara: **Dla mnie woda mineralna, niegazowana, z lodem.**
Kelner: **Coś jeszcze?**
Anna: _____

> Nie, dziękuję.
> Proszę sok jabłkowy.
> ~~Dzień dobry!~~

1b Proszę przeczytać dialog i uzupełnić partie kelnera odpowiednimi zdaniami z ramki.

Kelner: _____
Adam: **Proszę piwo. Ile kosztuje duże?**
Kelner: _____
Adam: **A małe?**
Kelner: _5 złotych._
Adam: **Proszę duże.**
Ewa: **Dla mnie kawa z mlekiem.**
Kelner: _____
Adam: **To wszystko. Dziękuję.**

Adam: **Proszę rachunek.**
Kelner: _____

> ~~5 złotych.~~
> 8 złotych.
> Dzień dobry!
> Proszę.
> Coś jeszcze?

2 Proszę podkreślić właściwy wyraz.

a) kawa z sokiem / <u>z mlekiem</u>
b) piwo z sokiem / z cukrem
c) woda z lodem / z mlekiem
d) sok bananowy / mineralny
e) herbata gazowana / z cytryną
f) woda jabłkowa / niegazowana

3 Co to jest? Proszę podpisać ilustracje.

a) _herbata z cytryną_   b) _____   c) _____

d) _____   e) _____   f) _____

MODUŁ 9   **PROSZĘ PIEROGI** *MAY I HAVE SOME DUMPLINGS, PLEASE?*

• zamawianie posiłków w restauracji • nazwy sztućców i elementów zastawy
• *ordering meals at a restaurant* • *names of cutlery and other dining accessories*

1a Proszę zapytać kolegę / koleżankę, jakie nazwy potraw już zna. Zebrane informacje proszę przedstawić na forum grupy, a następnie wysłuchać nagrania i powtórzyć za lektorem nazwy wybranych potraw.

a) **żurek**   8 zł
sour rye flour soup with eggs or sausages

b) **zupa pomidorowa**
5 zł
tomato soup

c) **barszcz**   6 zł
beetroot soup

d) **bigos**   11 zł
stew with cabbage and meat

e) **naleśniki**   9 zł
pancakes

f) **pierogi**   10 zł
dumplings

g) **makaron**   11 zł
pasta

h) **pizza**   23 zł
pizza

i) **kotlet schabowy z sałatką i frytkami**   26 zł
pork chop with salad and chips

j) **kurczak z sałatką i ziemniakami**   25 zł
chicken with salad and potatoes

k) **ryba z sałatką i ryżem**   24 zł
fish with salad and rice

Dumplings are one of the most popular Polish meals and are made from dough. Such is the popularity that many towns organize dumpling festivals where one may try dumplings with traditional or creative stuffings. The traditional dumplings include *pierogi z mięsem* – meat dumplings, *pierogi ruskie* – Russian dumplings (with cheese and potato stuffing), *pierogi z serem* – dumplings with sweet cheese, *pierogi z truskawkami* – strawberry dumplings, *pierogi z jagodami* – dumplings with blueberries.

1b Proszę wysłuchać sześciu krótkich dialogów i napisać, jakie potrawy zamawiają klienci.

Przykład: Marysia zamawia _naleśniki_ .
a) Gosia zamawia _____ .
b) Igor zamawia _____ .
c) Agata zamawia _____ .
d) Jarek zamawia _____ .
e) Mariusz zamawia _____ .

1c Proszę odszukać nazwy jedenastu potraw.

(PIEROGI)KURCZAKPIZZAZUPAPOMIDOROWA(RYBA)BIGOSŻUREK
KOTLETSCHABOWYNALEŚNIKIMAKARONBARSZCZ

2a Proszę wysłuchać nagrania, a następnie odpowiedzieć na pytania.

Kelner: **Dzień dobry! Proszę, to jest karta.**	Waiter: Hello. Here's the menu.
Adam: **Dziękuję! Co pan poleca?**	Adam: Thank you. What can you recommend?
Kelner: **Proponuję kotlet schabowy z sałatką i ziemniakami.**	Waiter: I suggest the pork chop with a salad and potatoes.
Adam: **Dobrze. Proszę.**	Adam: Good. I'll have that.
Anna: **Dla mnie tylko naleśniki.**	Anna: Only pancakes for me.
Kelner: **Coś do picia?**	Waiter: Anything to drink?
Anna: **Proszę sok bananowy.**	Anna: A banana juice, please.
Adam: **Dla mnie małe piwo.**	Adam: A small beer for me.
Kelner: **Coś jeszcze?**	Waiter: Anything else?
Adam: **Dziękujemy. To wszystko.**	Adam: No, thank you. That's all.

15 minut później *15 minutes later*

Kelner: **Dla pani naleśniki, dla pana kotlet. Smacznego!**	Waiter: The pancakes for you (to the woman), and the pork chops for you (to the man). Enjoy your meal.
Adam: **Dziękujemy! Czy mogę prosić sól i pieprz?**	Adam: Thank you! May I have the salt and pepper, please?
Kelner: **Oczywiście. Bardzo proszę.**	Waiter: Of course. Here you are.
Adam: **Przepraszam, czy tu wolno palić?**	Adam: Excuse me, is smoking allowed here?
Kelner: **Nie. To jest sala dla niepalących.**	Waiter: No. This is a non-smoking section.

30 minut później *30 minutes later*

Adam: **Proszę rachunek.**	Adam: May I have the bill, please?
Kelner: **Bardzo proszę.**	Waiter: Here you are.
Adam: **Reszta dla pana.**	Adam: Keep the change.

- Co pan / pani poleca / proponuje? – What can you recommend?
- dla mnie – for me
- dla pana / dla pani – for you (polite form)
- coś do picia – something to drink
- coś do jedzenia – something to eat
- Czy mogę prosić sól? – Can I have the salt, please?
- Czy tu wolno palić? – May I smoke here?
- sala dla palących – smoking section
- sala dla niepalących – non-smoking section
- Proszę rachunek. – May I have the bill, please?
- Reszta dla pana / pani. – Keep the change.

Dla mnie… .	Proszę / Zamawiam… .	After the word **Zamawiam…** (as with the word **Proszę…** – see pages 32, 38), with nouns ending in **-a**, the **-a** changes to **-ę**, e.g. *To jest pizza, ryba, zupa…* changes to *Zamawiam / Proszę pizzę, rybę, zupę…* The **-ę** at the end of such nouns is pronounced /e/ (as in men).
… for me.	Can / May I have…? / I'd like… to order.	
barszcz	barszcz	
bigos	bigos	
kotlet	kotlet	If we want to order chicken (*kurczak*) or a hamburger, we use the universal structure *Dla mnie* (at the beginning of the sentence). The noun that follows *Dla mnie* does not change its ending (*Dla mnie kurczak, hamburger*). In case of *Proszę…* these words end with **-a**: *Proszę kurczak**a**, hamburger**a***.
kurczak	kurczak**a**	
żurek	żurek	
makaron	makaron	
pizza	pizz**ę**	
ryba	ryb**ę**	
zupa pomidorowa	zup**ę** pomidorow**ą**	
naleśniki	naleśniki	
pierogi	pierogi	
frytki	frytki	

a) Co Adam zamawia do picia? _____ .
b) Co Anna zamawia do picia? _____ .
c) Co Adam zamawia do jedzenia? _____ .
d) Co Anna zamawia do jedzenia? _____ .

2b Słuchając nagrania, proszę odegrać rolę Adama z ćw. 2a. • str. 99

CD 41

3 Z podanych słów proszę ułożyć logiczne zdania.

Przykład: to – karta – Proszę – jest – *Proszę, to jest karta* .
a) jabłkowy – Proszę – sok – _____ .
b) mnie – Dla – małe – piwo – _____ .
c) Co – poleca – pan – _____ ?
d) tu – wolno – Czy – palić – _____ ?
e) To – sala – jest – niepalących – dla – _____ .
f) pana – dla – Reszta – _____ .

4 Proszę utworzyć z kolegą / koleżanką dialog, wykorzystując słowa i zwroty: pierogi / Coś do picia? / To wszystko / Proszę… / karta / woda mineralna, **a następnie zaprezentować go na forum grupy.**

_____
_____
_____

5 Proszę obejrzeć ilustracje, a następnie wysłuchać nagrania i powtórzyć za lektorem słowa.

a) **pieprz** b) **sól** c) **łyżeczka** d) **szklanka**

e) **popielniczka** f) **talerz** g) **serwetka**

h) **widelec** i) **nóż** j) **łyżka**

To jest… .	Czy mogę prosić (o)…?
This is… .	May I have…, please?
nóż	nóż
pieprz	pieprz
talerz	talerz
widelec	widelec
łyżeczka	łyżeczkę
łyżka	łyżkę
popielniczka	popielniczkę
serwetka	serwetkę
szklanka	szklankę
sól	sól

After the structure *Czy mogę prosić(o)…?* (as with the words *Proszę…* and *Zamawiam…* – see pages 32, 38, 44), with nouns ending in *-a*, the *-a* changes to *-ę*, e.g. *To jest łyżka, serwetka, popielniczka…* changes to *Czy mogę prosić (o) łyżkę, serwetkę, popielniczkę?*

6 Proszę wysłuchać nagrania i podkreślić, o co proszą klienci w restauracji.

Przykład: Marysia prosi (o) pieprz / talerz.
a) Gosia prosi (o) łyżeczkę / łyżkę.
b) Igor prosi (o) serwetkę / szklankę.
c) Agata prosi (o) pieprz / popielniczkę.
d) Jarek prosi (o) sól / nóż.
e) Mariusz prosi (o) serwetkę / popielniczkę.

MODUŁ 9 — LISTA SŁÓWEK I ZWROTÓW

	SŁÓWKA	TŁUMACZENIE
1.	barszcz	
2.	bigos	
3.	coś	
4.	coś do jedzenia	
5.	coś do picia	
6.	frytki	
7.	kotlet schabowy	
8.	kotlet schabowy z sałatką i frytkami	
9.	kurczak	
10.	kurczak z sałatką i ziemniakami	
11.	łyżeczka	
12.	łyżka	
13.	makaron	
14.	naleśniki	
15.	nóż	
16.	palić	
17.	pieprz	
18.	pierogi	
19.	pizza	
20.	poleca	
21.	popielniczka	
22.	proponuję	
23.	reszta	
24.	ryba	
25.	ryba z sałatką i ryżem	
26.	ryż	
27.	sala	
28.	sala dla (nie)palących	
29.	sałatka	
30.	serwetka	
31.	szklanka	
32.	talerz	
33.	tylko	
34.	widelec	
35.	ziemniaki	
36.	zupa pomidorowa	
37.	żurek	

	ZWROTY	TŁUMACZENIE
1.	Co pan / pani poleca?	
2.	Co pan / pani proponuje?	
3.	Coś do picia?	
4.	Czy mogę prosić (o)…?	
5.	Czy tu wolno palić?	
6.	Dla pana… / Dla pani…	
7.	Proponuję…	
8.	Reszta dla pana / pani.	
9.	Smacznego!	
10.	To jest sala dla niepalących.	

MODUŁ 9   ZADANIE DOMOWE

1 Proszę uzupełnić dialog, zastępując ilustracje słowami.

Kelner: **Dzień dobry! Proszę, to jest** ___*karta*___ .

Adam: **Dziękuję! Co pan poleca?**

Kelner: **Proponuję** _____ z sałatką i ziemniakami.

Adam: **Dobrze. Proszę.**

Anna: **Dla mnie tylko** _____ .

Kelner: **Coś do picia?**

Anna: **Proszę** _____ _____ .

Adam: **Dla mnie małe** _____ .

Kelner: **Coś jeszcze?**

Adam: **Dziękujemy. To wszystko.**

15 minut później

Kelner: **Dla pani** _____ , **dla pana** _____ . **Smacznego!**

Adam: **Dziękujemy! Czy mogę prosić** _____  **i** _____ ?

Kelner: **Oczywiście. Bardzo proszę.**

Adam: **Przepraszam, czy tu wolno palić?**

Kelner: **Nie. To jest sala dla niepalących.**

30 minut później
Adam: **Proszę** _____  .
Kelner: **Bardzo proszę.**
Adam: **Reszta dla pana.**

2 Proszę wpisać brakujące litery.

a) n _ó_ _ż_
b) tale _ _
c) ły _ e _ _ ka
d) _ erwetka
e) _ _ klanka
f) widele _
g) ły _ ka
h) s _ l
i) piep _ _

MODUŁ 10 — PRZEPRASZAM, GDZIE JEST RYNEK?

EXCUSE ME, WHERE IS THE MARKET SQUARE?

- nazwy obiektów • pytanie o drogę • udzielanie informacji
- *names of public places • asking for directions • giving information*

1a Proszę podpisać ilustracje słowami z ramki.

> toaleta   kino   restauracja   muzeum   hotel

a) _____
b) _____   c) **sklep**   d) **rynek**   e) _____   f) **poczta**
g) **szpital**   h) _____   i) **kantor**   j) _____   k) **dworzec kolejowy**
l) **dworzec autobusowy**   ł) **lotnisko**   m) **metro**   n) **postój taksówek**   o) **przystanek**

1b Proszę wysłuchać nagrania i powtórzyć za lektorem nazwy obiektów użyteczności publicznej.

CD 44

1c Proszę wysłuchać nagrania i ponumerować słowa w kolejności czytanej przez lektora.

CD 45

☐ poczta   ☐ szpital
☐ przystanek   ☐ toaleta
☐ kino   ☐ postój taksówek
[1] dworzec   ☐ lotnisko
☐ sklep   ☐ kantor

1d Proszę połączyć początek słowa z jego końcem.

kan	tor
szpi	tauracja
dwo	czta
res	tal
mu	nisko
lot	tro
po	rzec
me	zeum

2 Proszę wysłuchać nagrania i powtórzyć zdania za lektorem.

a) **Proszę iść prosto.** b) **Proszę skręcić w lewo.** c) **Proszę skręcić w prawo.**

d) **Proszę zawrócić.** e) **Proszę przejść przez ulicę.**

- Proszę iść prosto. – (Please) go straight on / ahead.
- Proszę skręcić w lewo. – (Please) turn left.
- Proszę skręcić w prawo. – (Please) turn right.
- Proszę zawrócić. – (Please) do a U-turn / go back.
- Proszę przejść przez ulicę. – (Please) cross the street.

3 Proszę wysłuchać nagrania, a następnie przeczytać z kolegą / koleżanką dialogi a–d z podziałem na role.

a)
Turysta: **Przepraszam! Gdzie jest *Hotel Europejski*?**
Pan Kowalski: ***Europejski*? Ooooo… Hotel jest bardzo blisko. Proszę iść prosto, a potem skręcić w prawo.**
Turysta: **Dziękuję.**

Tourist: Excuse me! How do I get to the *Europejski* Hotel? (literally: Where is the *Europejski* Hotel?)
Pan Kowalski: The *Europejski*? Oh! It's very near here. Go straight ahead and then turn right.
Tourist: Thank you.

b)
Turysta: **Przepraszam! Gdzie jest centrum?**
Pani Nowak: **Proszę przejść przez ulicę, skręcić w lewo, skręcić w prawo i jeszcze raz skręcić w prawo.**
Turysta: **Dziękuję.**

Tourist: Excuse me! How do I get to the centre? (literally: Where is the centre?)
Pani Nowak: Cross the street and turn left. Then turn right and turn right once again.
Tourist: Thank you.

c)
Turysta: **Przepraszam! Gdzie jest dworzec kolejowy?**
Pani Piotrkowska: **Dworzec kolejowy jest daleko.**
Turysta: **Czy jedzie tam tramwaj?**
Pani Piotrkowska: **Hmmm… Tak.**
Turysta: **Który numer?**
Pani Piotrkowska: **4.**
Turysta: **A autobus?**
Pani Piotrkowska: **Nie, tylko tramwaj…, ale najlepiej pojechać tam taksówką. Tutaj jest postój taksówek.**
Turysta: **Dziękuję.**

Tourist: Excuse me! How do I get to the train station?
(literally: Where is the train station?)
Pani Piotrkowska: It's far from here.
Tourist: Do trams go there?
Pani Piotrkowska: Hmmm… Yes.
Tourist: What number?
Pani Piotrkowska: (the number) 4
Tourist: What about buses?
Pani Piotrkowska: No, only trams (go there)…, but it's best to go by taxi. Here is the taxi rank.
Tourist: Thank you.

d)
Turysta: **Przepraszam, gdzie jest kino *IMAX*?**
Pan Wróbel: **Nie wiem dokładnie, ale proszę iść w tym kierunku.**
Turysta: **Dziękuję.**

Tourist: Excuse me, how do I get to the *IMAX* cinema?
(literally: Where is the *IMAX* cinema?)
Pan Wróbel: I don't know exactly, but it is in that direction.
Tourist: Thank you.

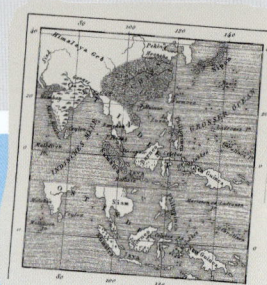

- blisko – close, near
- daleko – far
- tutaj – here
- tam – there
- Gdzie jest…? – Where is…?
- tramwaj – tram
- autobus – bus
- Czy jedzie tam tramwaj / autobus?
  – Do trams / busses go there?
- Który tramwaj / autobus jedzie…?
  – Which tram / bus goes…?
- Nie wiem. – I don't know.

4a Wykorzystując informacje zawarte w ćw. 3 (dialog a), proszę znaleźć drogę do *Hotelu Europejskiego*.

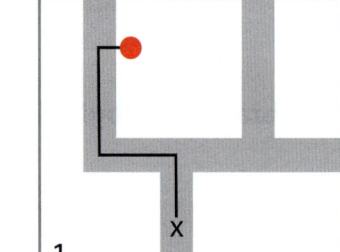 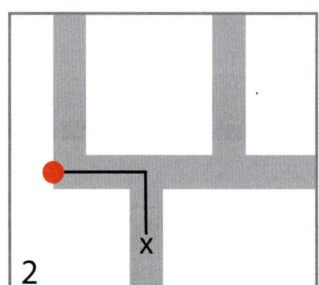 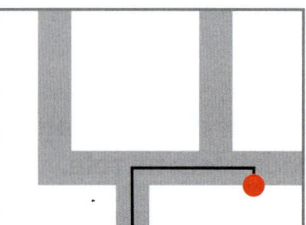

4b Wykorzystując informacje zawarte w ćw. 3 (dialog b), proszę znaleźć drogę do centrum.

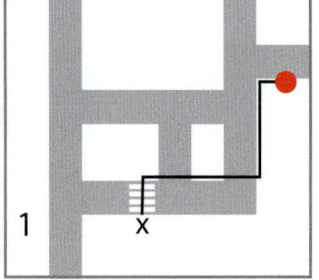 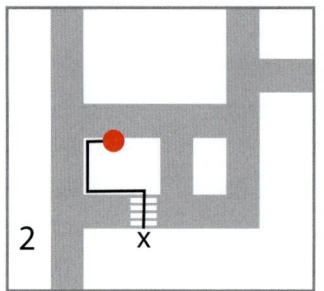 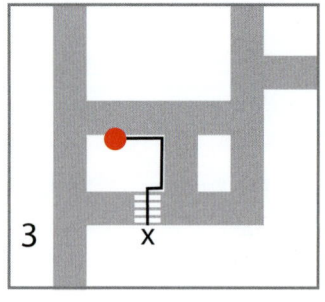

5 To jest mapa Krakowa. Proszę zapytać kolegę / koleżankę, jak dojść na *Uniwersytet Jagielloński* i *Plac Nowy*, a następnie zapisać te wskazówki w formie minidialogów. Proszę wykorzystać jak najwięcej słów i zwrotów z ramki.

> blisko   daleko   iść
> prosto   pojechać taksówką
> postój taksówek   tam   tutaj

> Abbreviations used in maps and information tables:
> **ul.** = **ulica** (street)
> **al.** = **aleja** (avenue)
> **pl.** = **plac** (square)
> **os.** = **osiedle** (housing estate)

a) Uniwersytet Jagielloński
_____
_____
_____

b) Plac Nowy
_____
_____
_____

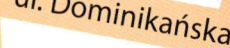

6 Proszę wysłuchać krótkiej reklamy znanych pubów i klubów krakowskich. Wykorzystując informacje z ramki ze str. 51, proszę przeczytać na głos ich adresy.

PAUZA
ul. Floriańska 18

PROZAK
pl. Dominikański 6

KLUB STUDENCKI
ŻACZEK
al. 3 Maja 5

KLUB KOMBINATOR
os. Szkolne 25

DRUKARNIA
ul. Nadwiślańska 1

7 Proszę wysłuchać pięciu dialogów w Informacji Turystycznej i uzupełnić zdania.

Przykład: Turysta: Przepraszam, gdzie jest STARY _Teatr_ ?

Informacja: _Ulica_ Jagiellońska _5_ .

a) Turysta: Przepraszam, gdzie jest _____ MANGGHA?

Informacja: _____ Konopnickiej _____ .

b) Turysta: Przepraszam,

czy INSTYTUT FRANCUSKI

jest w centrum?

Informacja: Tak. Ulica Stolarska _____ .

c) Turysta: Przepraszam, gdzie jest FABRYKA _____?

Informacja: _____ Lipowa _____ .

d) Turysta: Przepraszam, jaki jest numer telefonu do

_____ KULTURY?

Informacja: Moment. 12 _ _ _ 28 11.

MODUŁ 10 — LISTA SŁÓWEK I ZWROTÓW

	SŁÓWKA	TŁUMACZENIE
1.	aleja	
2.	autobus	
3.	blisko	
4.	centrum	
5.	daleko	
6.	dworzec autobusowy	
7.	dworzec kolejowy	
8.	gdzie	
9.	informacja	
10.	jeszcze raz	
11.	kantor	
12.	kino	
13.	klub	
14.	lotnisko	
15.	metro	
16.	moment	
17.	osiedle	
18.	plac	
19.	poczta	
20.	postój taksówek	
21.	potem	
22.	przystanek	
23.	rynek	
24.	sklep	
25.	szpital	
26.	tam	
27.	teatr	
28.	toaleta	
29.	tramwaj	
30.	tutaj	
31.	tylko	
32.	ulica	
33.	uniwersytet	

	ZWROTY	TŁUMACZENIE
1.	Czy … jest w centrum?	
2.	Czy jedzie tam tramwaj?	
3.	Gdzie jest…?	
4.	Jaki jest numer telefonu do…?	
5.	Który numer?	
6.	Który tramwaj / autobus jedzie…?	
7.	Najlepiej pojechać (tam) taksówką.	
8.	Nie wiem.	
9.	Nie wiem dokładnie.	
10.	Proszę iść prosto.	
11.	Proszę iść w tym kierunku.	
12.	Proszę przejść przez ulicę.	
13.	Proszę skręcić w lewo.	
14.	Proszę skręcić w prawo.	
15.	Proszę zawrócić.	

MODUŁ 10   ZADANIE DOMOWE

1 Co to za miejsca? Proszę podpisać ilustracje.

a) ___szpital___   b) _____   c) _____

d) _____   e) _____   f) _____

2 Proszę uzupełnić dialogi brakującymi czasownikami z ramki.

> Dziękuję   iść   jedzie   ~~jest~~   przejść   skręcić   wiem

a)
– Przepraszam! Gdzie ___jest___ Hotel Europejski?
– Europejski? Ooooo… Hotel jest bardzo blisko. Proszę iść prosto, a potem _____ w prawo.
– _____ .

b)
– Przepraszam! Gdzie jest centrum?
– Proszę _____ przez ulicę, skręcić w lewo, skręcić w prawo i jeszcze raz skręcić w prawo.
– Dziękuję.

c)
– Przepraszam! Gdzie jest dworzec kolejowy?
– Dworzec kolejowy jest daleko.
– Czy _____ tam tramwaj?
– Hmmm… Tak.
– Który numer?
– 4.
– A autobus?
– Nie, tylko tramwaj…, ale najlepiej pojechać tam taksówką. Tutaj jest postój taksówek.
– Dziękuję.

d)
– Przepraszam, gdzie jest kino *IMAX*?
– Nie _____ dokładnie, ale proszę _____ w tym kierunku.
– Dziękuję.

3 Co oznaczają poniższe skróty?

a) ul. – ___ulica___   b) os. – _____   c) al. – _____   d) pl. – _____

54

MODUŁ 11 CHCĘ ZAMÓWIĆ TAKSÓWKĘ! *I'D LIKE TO ORDER A TAXI*

- kolory • zamawianie taksówki • powtórzenie nazw obiektów
- *colours • ordering a taxi • revision of names of public places*

1a Proszę wysłuchać nagrania i powtórzyć za lektorem nazwy kolorów.

a) **biały**   b) **żółty**   c) **czerwony**   d) **zielony**

e) **niebieski**   f) **srebrny**   g) **czarny**

1b Proszę napisać, jakiego koloru są przedstawione na zdjęciach samochody.

Przykład: __niebieski__ ford

a) _____ golf

b) __srebrny__ citroën

c) _____ renault

d) _____ fiat

e) _____ mercedes

f) _____ opel

55

2a Proszę wysłuchać nagrania, a następnie przeczytać z kolegą / koleżanką dialog z podziałem na role.

Taxi Lajkonik: **Dzień dobry!** *Taxi Lajkonik*, **słucham?**
Anna: **Dzień dobry! Chcę zamówić taksówkę.**
TL: **Na jaki adres?**
Anna: **Ulica Karmelicka 10.** *Hotel Polonicus*.
TL: **Dobrze. Niebieski ford. Proszę czekać 10 minut.**
Anna: **Przepraszam, proszę powtórzyć.**
TL: **Proszę czekać 10 minut. Będzie niebieski ford.**
Anna: **Dziękuję. Do widzenia!**

10 minut później
Taksówkarz: **Dzień dobry! Dokąd jedziemy?**
Anna: **Dzień dobry! Dworzec autobusowy, proszę.**

15 minut później
Taksówkarz: **Jesteśmy na miejscu.**
Anna: **Ile płacę?**
Taksówkarz: **25 złotych.**
Anna: **Proszę i dziękuję.**

- Słucham? – (literally: I am listening) – How may I help you? / Hello?
- taksówka – a taxi
- Chcę zamówić taksówkę. – I would like (literally: I want) to order a taxi.
- Na jaki adres? – What address?
- Proszę powtórzyć. – Could you repeat that, please?
- Proszę czekać 10 minut. – It should be there in 10 minutes. (literally: Please wait for 10 minutes)
- Ile płacę? – How much is that? (literally: How much do I pay?)

TL: Good afternoon! *Taxi Lajkonik* how may I help you?
Anna: Good afternoon! I would like to order a taxi.
TL: What address?
Anna: Number 10 Karmelicka street. *The Polonicus Hotel*.
TL: OK. A blue Ford should be there in 10 minutes.
    (literally: A blue Ford. Please wait for 10 minutes)
Anna: I'm sorry, could you repeat that?
TL: A blue Ford should be there in 10 minutes.
Anna: Thank you. Goodbye.

10 minutes later
Taxi driver: Good afternoon! Where are we going?
Anna: Good afternoon! To the bus station, please.

15 minutes later
Taxi driver: Here we are.
Anna: How much is that? (literally: How much do I pay?)
Taxi driver: 25 zlotys.
Anna: Here you are and thank you.

Here are some more useful structures when using a taxi: ***Ile kosztuje kurs?*** (How much is the journey?); ***Proszę tutaj się zatrzymać.*** (Please stop here); ***Proszę tutaj na mnie zaczekać.*** (Please wait for me here). The cost of a taxi ride depends on the applicable tariff. ***Taryfa dzienna*** (the day tariff) is normally from 6 am – 10 pm. ***Taryfa nocna*** (the night tariff) is from 10 pm – 6 am. ***Taryfa świąteczna*** (the holiday tariff) applies to holidays and Sundays. The distance from the center as well as routes through different town zones also affect the final cost of a taxi ride.

2b Słuchając nagrania, proszę odegrać rolę Anny. str. 100

3 Proszę uzupełnić minidialogi odpowiednimi nazwami obiektów użyteczności publicznej.

Przykład: Taksówkarz: Dzień dobry! Dokąd jedziemy?
Paweł: Dzień dobry! _____Lotnisko_____ , proszę.

a) Taksówkarz: Dzień dobry! Dokąd jedziemy?
Dominik: Dzień dobry! _____ , proszę.

b) Taksówkarz: Dzień dobry! Dokąd jedziemy?
Dorota: Dzień dobry! _____ Kijów, proszę.

c) Taksówkarz: Dzień dobry! Dokąd jedziemy?
Mateusz: Dzień dobry! _____ Amigo, proszę.

d) Taksówkarz: Dzień dobry! Dokąd jedziemy?
Inka: Dzień dobry! _____ Etnograficzne, proszę.

4 Proszę wysłuchać nagrania i uzupełnić dialogi.

TK: Dzień dobry! Taxi _Kraków_ , słucham?
Aneta: Dzień dobry! Chcę zamówić taksówkę.
TK: Na jaki adres?
Aneta: Ulica Mała _____ . _____ Kopernik.
TK: Dobrze. Proszę czekać _____ minut.
    Będzie _____ opel.
Aneta: Dziękuję. Do widzenia!

15 minut później

Taksówkarz: Dzień dobry! Dokąd jedziemy?
Aneta: Dzień dobry! _____ , proszę.

30 minut później

Taksówkarz: Jesteśmy na miejscu.
Aneta: _____ płacę?
Taksówkarz: _____ złotych.
Aneta: Proszę i dziękuję.

5 Proszę utworzyć z kolegą / koleżanką dialog, wykorzystując słowa i zwroty: czekać / Chcę zamówić taksówkę. / dworzec kolejowy / Ile płacę? / Na jaki adres?, **a następnie zaprezentować go na forum grupy.**

_____
_____
_____
_____
_____

MODUŁ 11 — LISTA SŁÓWEK I ZWROTÓW

	SŁÓWKA	TŁUMACZENIE
1.	biały	
2.	dokąd	
3.	czarny	
4.	czekać	
5.	czerwony	
6.	niebieski	
7.	powtórzyć	
8.	słucham	
9.	srebrny	
10.	taksówka	
11.	zamówić	
12.	zielony	
13.	żółty	

	ZWROTY	TŁUMACZENIE
1.	Chcę zamówić taksówkę.	
2.	Dokąd jedziemy?	
3.	Jesteśmy na miejscu.	
4.	Na jaki adres?	
5.	Proszę czekać 10 minut.	
6.	Proszę powtórzyć.	
7.	Słucham?	

MODUŁ 11   ZADANIE DOMOWE

1 Proszę przeczytać dialog i zdecydować, czy zdania są prawdziwe (TAK), czy nieprawdziwe (NIE).

Taxi Szybko: **Dzień dobry! Taxi *Szybko*, słucham?**
Jurek: **Dzień dobry! Chcę zamówić taksówkę.**
TSz: **Na jaki adres?**
Jurek: **Ulica Słowackiego 19a. Hostel *Mały Julek*.**
TSz: **Dobrze. Srebrny golf. Proszę czekać 9 minut.**
Jurek: **Przepraszam, proszę powtórzyć.**
TSz: **Proszę czekać 9 minut. Będzie srebrny golf.**
Jurek: **Dziękuję. Do widzenia!**

Taksówkarz: **Dzień dobry! Dokąd jedziemy?**
Jurek: **Dzień dobry! Klub *Retro*, proszę.**

Taksówkarz: **Jesteśmy na miejscu.**
Jurek: **Ile płacę?**
Taksówkarz: **33 złote.**
Jurek: **Proszę i dziękuję.**

a) Jurek jedzie do Klubu *Retro*.   <u>TAK</u> / NIE
b) Hostel nazywa się *Mały Jurek*.   TAK / NIE
c) Adres hostelu to ulica Słowackiego 19a. TAK / NIE
d) Taksówka ma srebrny kolor.   TAK / NIE
e) Jurek czeka 9 minut.   TAK / NIE
f) Jurek płaci 33 euro.   TAK / NIE

2 Jaki to kolor?

a) ŁABIY – *biały*

b) BRERNYS – _____

c) NYCZAR – _____

d) ŻYŁÓT – _____

e) CZOREWNY – _____

f) LOZIENY – _____

g) BIESNIEKI – _____

MODUŁ 12 — O KTÓREJ GODZINIE JEST POCIĄG DO WARSZAWY?

WHAT TIME IS THE TRAIN TO WARSAW?

• kupowanie biletu na pociąg • pytanie o godzinę   • *buying train tickets* • *asking for the time*

1 Proszę zapoznać się z tablicą odjazdów pociągów, a następnie wysłuchać nagrania i powtórzyć za lektorem słowa.

a) **odjazd** — departure
b) **do stacji** — destination
c) **przez** — via
d) **peron** — platform

ODJAZDY

19:40

ODJAZD	DO STACJI	PRZEZ		PERON
19:45	ŚWINOUJ./BERLIN	KATOWICE, POZNAŃ	EUROCITY	1
19:52	TRZEBINIA	KRZESZOWICE	REGIO	3
20:00	WARSZAWA WSCH.	WARSZAWA CENTR.	INTERREGIO	5
20:00	KRAKÓW BALICE	AIRPORT	REGIO	1
20:20	PRZEMYŚL GŁÓWNY	TARNÓW, RZESZÓW	TLK	4
20:22	WARSZAWA WSCH.	WARSZAWA CENTR.	INTERCITY	5
20:25	RZESZÓW	TARNÓW, DĘBICA	TLK	1
20:30	KRAKÓW BALICE	AIRPORT	INTERREGIO	1
20:37	KATOWICE	TRZEBINIA	TLK	3
20:38	WIELICZKA RYNEK	KRAKÓW PŁASZÓW	REGIO	2

e) **pociąg Regio (REG)**

f) **pociąg InterRegio (IR)**
g) **pociąg TLK**

h) **pociąg Express InterCity Premium (EIC Premium)**
i) **pociąg Express InterCity (EIC)**

j) **pociąg EuroCity (EC)**

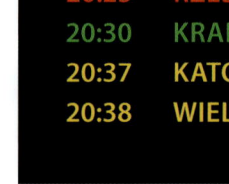

This is the logo of *Polskie Koleje Państwowe* (Polish National Rail).

When traveling around Poland one can encounter many different train types. When buying a ticket it is important to remember that *Regio* [REG], *InterRegio* [IR], *Twoje Linie Kolejowe* [TLK] and fast trains (only certain rail links) offer cheaper tickets and are of lower standard. They stop at every station, which extends the traveling time.
Express InterCity Premium [EIC Premium] and *Express InterCity* [EIC] (only certain rail links) are of higher standard and stop only at the destination station. When purchasing a ticket for those train types you are given a designated seat (*miejscówka*).
EuroCity [EC] trains travel on international rail links.

2 Wykorzystując informacje zawarte na tablicy odjazdów pociągów w ćw.1, proszę napisać, z którego peronu odjeżdżają pociągi. Następnie proszę wysłuchać nagrania i sprawdzić swoje odpowiedzi.

Przykład: Pociąg do stacji Katowice odjeżdża z peronu __3__.
a) Pociąg do stacji Warszawa odjeżdża z peronu _____.
b) Pociąg do stacji Berlin odjeżdża z peronu _____.
c) Pociąg do stacji Rzeszów odjeżdża z peronu _____.
d) Pociąg do stacji Wieliczka odjeżdża z peronu _____.
e) Pociąg do stacji Przemyśl odjeżdża z peronu _____.

> *Pociąg odjeżdża z peronu… .*
> The train departs from platform… .
> 1st – *pierwszego*
> 2nd – *drugiego*
> 3rd – *trzeciego*
> 4th – *czwartego*
> 5th – *piątego*
> 6th – *szóstego*

3 Proszę wysłuchać nagrania i powtórzyć za lektorem nazwy godzin.

O której godzinie odjeżdża pociąg?
What time does the train leave?

1 a.m. / (1:00) – **o pierwszej**	1 p.m. / (13:00) – **o trzynastej**
2 a.m. / (2:00) – **o drugiej**	2 p.m. / (14:00) – **o czternastej**
3 a.m. / (3:00) – **o trzeciej**	3 p.m. / (15:00) – **o piętnastej**
4 a.m. / (4:00) – **o czwartej**	4 p.m. / (16:00) – **o szesnastej**
5 a.m. / (5:00) – **o piątej**	5 p.m. / (17:00) – **o siedemnastej**
6 a.m. / (6:00) – **o szóstej**	6 p.m. / (18:00) – **o osiemnastej**
7 a.m. / (7:00) – **o siódmej**	7 p.m. / (19:00) – **o dziewiętnastej**
8 a.m. / (8:00) – **o ósmej**	8 p.m. / (20:00) – **o dwudziestej**
9 a.m. / (9:00) – **o dziewiątej**	9 p.m. / (21:00) – **o dwudziestej pierwszej**
10 a.m. / (10:00) – **o dziesiątej**	10 p.m. / (22:00) – **o dwudziestej drugiej**
11 a.m. / (11:00) – **o jedenastej**	11 p.m. / (23:00) – **o dwudziestej trzeciej**
12 p.m. / (12:00) – **o dwunastej**	12 a.m. / (24:00) – **o dwudziestej czwartej**

How do you say that a train leaves at **18:05**? Just say the hour from the box above and then say the number for the minutes. That is:
o osiemnastej + *pięć* (*minut*) = **o osiemnastej pięć**.
If a train leaves at 15:20, you say *o piętnastej* + *dwadzieścia* (*minut*)
= **o piętnastej dwadzieścia**.
If a train leaves at 4:08, you say *o czwartej* + *osiem* (*minut*) = **o czwartej osiem**.

4 Co mówi lektor? Proszę wysłuchać nagrania i podkreślić właściwą odpowiedź.

Przykład: Pociąg z Krakowa do Warszawy odjeżdża___ .
  a) o 18:00   b) <u>o 8:00</u>   c) o 8:18
1. Pociąg z Krakowa do Zakopanego odjeżdża___ .
  a) o 5:10   b) o 15:10   c) o 15:05
2. Pociąg z Krakowa do Gdyni odjeżdża___ .
  a) o 6:11   b) o 6:12   c) o 6:13
3. Pociąg z Krakowa do Poznania odjeżdża___ .
  a) o 14:05   b) o 24:00   c) o 4:05
4. Pociąg z Krakowa do Berlina odjeżdża___ .
  a) o 21:00   b) o 22:00   c) o 23:00
5. Pociąg z Krakowa do Wrocławia odjeżdża___ .
  a) o 1:20   b) o 1:12   c) o 1:23

City names in Polish change forms. During announcements informing about the departures and arrivals of trains, you may hear a given city name with a slightly changed ending:

Warszawa – but: *pociąg odjeżdża do Warszaw**y***
Kraków – but: *pociąg odjeżdża do Krak**owa***
Zakopane – but: *pociąg odjeżdża do Zakopan**ego***
Gdynia – but: *pociąg odjeżdża do Gdyn**i***
Poznań – but: *pociąg odjeżdża do Poznan**ia***
Berlin – but: *pociąg odjeżdża do Berlin**a***
Wrocław – but: *pociąg odjeżdża do Wrocław**ia***

5 Proszę wysłuchać nagrania i uzupełnić godziny odjazdów pociągów.

Przykład: Pociąg do Szczecina odjeżdża o __17__ :10.
a) Pociąg do Moskwy odjeżdża o 16:____.
b) Pociąg do Łodzi odjeżdża o ____:30.
c) Pociąg do Malborka odjeżdża o ____:____.
d) Pociąg do Sanoka odjeżdża o 17:____.
e) Pociąg do Hamburga odjeżdża o 20:____.
f) Pociąg do Opola odjeżdża o ____:06.
g) Pociąg do Pragi odjeżdża o ____:20.

6 Proszę zapytać kolegę / koleżankę, o której godzinie odjeżdżają pociągi, a następnie wysłuchać nagrania i sprawdzić odpowiedzi.

a) o 17:47   b) o 14:15   c) o 6:00   d) o 12:30   e) o 22:55   f) o 20:00

7 Proszę uważnie wysłuchać komunikatów i napisać, o ile minut opóźnione są pociągi.

a) Pociąg z Warszawy do Gdyni jest opóźniony o _____ minut.
b) Pociąg z Zakopanego do Krakowa jest opóźniony o __15__ minut.
c) Pociąg z Wrocławia do Poznania jest opóźniony o _____ minut.
d) Pociąg z Wiednia do Katowic jest opóźniony o _____ minut.
e) Pociąg z Zielonej Góry do Szczecina jest opóźniony o _____ minut.

8a Proszę obejrzeć bilet na pociąg i miejscówkę. Jakie informacje są na nich umieszczone? Proszę porozmawiać z kolegą / koleżanką, a następnie zaprezentować swoje obserwacje na forum grupy, używając struktur: Na bilecie jest… / Na miejscówce jest… .

BILET TRAIN TICKETS
1. **typ pociągu** (Regio, InterRegio, Express InterCity, Express InterCity Premium, TLK, EuroCity) – train type
2. **klasa** (1 – **pierwsza** / 2 – **druga**) – class (first / second)
3. **data wyjazdu** – date of departure
4. **rodzaj biletu** (N – **normalny** / U – **ulgowy**) – type of ticket (normal fare / reduced fare)
5. **liczba kilometrów** – distance in kilometres
6. **cena** – price

MIEJSCÓWKA RESERVED SEAT TICKET
1. **sposób płatności** (*karta* / *gotówka*) – payment method (card / cash)
2. **typ pociągu** (Regio, InterRegio, TLK, Express InterCity, Express InterCity Premium, EuroCity) – train type
3. **data wyjazdu** – date of departure
4. **godzina wyjazdu** – time of departure
5. **typ wagonu** (*z przedziałami, bez przedziałów, z przedziałami dla palących, z przedziałami dla niepalących*) – type of carriage (with compartments, without compartments, with smoking compartments, with non-smoking compartments)
6. **klasa** (1 – **pierwsza** / 2 – **druga**) – class (first / second)
7. **numer wagonu** – carriage number
8. **numer miejsca** – seat number
9. **lokalizacja miejsca** (*okno* / *środek* / *korytarz*) – seat location (window / middle / aisle)
10. **cena** – price

8b Proszę wysłuchać nagrania i powtórzyć za lektorem słowa.

a) bilet normalny / bilet ulgowy
b) pierwsza klasa / druga klasa
c) wagon dla palących / wagon dla niepalących
d) miejsce przy oknie / miejsce na środku / miejsce przy korytarzu
e) miejscówka / numer wagonu / numer miejsca

8c Wykorzystując dane zawarte na bilecie i miejscówce w ćw. 8a, proszę podkreślić właściwą informację.

Przykład: Pierwsza / druga klasa.
a) Bilet kosztuje 107 złotych / 16 złotych.
b) Miejscówka kosztuje 107 złotych / 16 złotych.
c) Bilet jest normalny / ulgowy.
d) Miejsce ma numer 6 / 42.
e) Wagon ma numer 6 / 42.
f) Wagon jest dla palących / dla niepalących.
g) Miejsce jest przy oknie / na środku / przy korytarzu.
h) Z Warszawy do Krakowa są 392 kilometry / 293 kilometry.
i) Pociąg jest o 20:03 / o 16:35.

> When buying a ticket, you can ask for a seat:
> *przy oknie* – by the window
> *na środku* – in the middle
> *przy korytarzu* – by the aisle (or also *przy drzwiach* – by the door).
> The actual ticket uses more straightforward words: *okno / środek / korytarz*.
> If you would like to buy a first class ticket, it is necessary to indicate this. Otherwise, the assumption will be that you require a second class ticket.

9 Proszę wysłuchać nagrania, a następnie przeczytać dialog z kolegą / koleżanką z podziałem na role.

Turysta: **Dzień dobry. Proszę jeden bilet na pociąg do Warszawy. O osiemnastej.**
Kasjer: **Bilet normalny czy ulgowy?**
Turysta: **Normalny, dla niepalących. Czy jest wolne miejsce przy oknie?**
Kasjer: **Moment. Już sprawdzam. Niestety nie. Mam tylko miejsce na środku.**
Turysta: **To proszę.**
Kasjer: **95 złotych.**
Turysta: **Czy mogę zapłacić kartą?**
Kasjer: **W tej kasie tylko gotówką.**
Turysta: **Rozumiem. Proszę.**

- Proszę bilet na pociąg. – Could I have a train ticket, please?
- wolne miejsce – available seat
- gotówka – cash
- karta – card
- Czy mogę zapłacić kartą /gotówką? – Can I pay by (debit / credit) card / cash?

When paying by debit card, the sales clerk will ask for a PIN number, using the following phrase: *Proszę wprowadzić PIN.* (Please enter your PIN).

Tourist: Good morning. I'd like one ticket for the 6pm InterCity train to Warsaw.
Cashier: (Would you like) a normal or reduced (fare) ticket?
Tourist: Normal, non-smoking. Is a seat available by the window?
Cashier: One moment, I'll check. Unfortunately not. I only have a middle seat.
Tourist: OK.
Cashier: 95 zlotys.
Tourist: Can I pay by (debit/credit) card?
Cashier: Only cash at this ticket window.
Tourist: I see. Here you are.

10 Z podanych słów proszę ułożyć logiczne zdania.

Przykład: jeden – Proszę – bilet – pociąg – na – Warszawy. – do –
Proszę jeden bilet na pociąg do Warszawy.

a) czy – ulgowy? – normalny – Bilet –
_____

b) palących – Dla – czy – niepalących? –
_____

c) Czy – jest – przy – miejsce – wolne – oknie? –
_____

d) zapłacić – mogę – Czy – kartą? –
_____

e) tej – kasie – tylko – W – gotówką. –
_____

11 Proszę utworzyć z kolegą / koleżanką dialog, wykorzystując słowa i zwroty: bilet normalny / pociąg / o trzynastej / do Berlina / 150 złotych, **a następnie zaprezentować go na forum grupy.**

_____
_____
_____

MODUŁ 12 — LISTA SŁÓWEK I ZWROTÓW

#	SŁÓWKA	TŁUMACZENIE	#	SŁÓWKA	TŁUMACZENIE
1.	do stacji		34.	wagon z przedziałami dla niepalących	
2.	godzina				
3.	godzina wyjazdu		35.	wagon z przedziałami dla palących	
4.	gotówka				
5.	karta		36.	wolne miejsce	
6.	klasa		37.	o czternastej	
7.	klasa druga		38.	o czwartej	
8.	klasa pierwsza		39.	o drugiej	
9.	korytarz		40.	o dwudziestej	
10.	liczba kilometrów		41.	o dwudziestej czwartej	
11.	lokalizacja miejsca		42.	o dwudziestej drugiej	
12.	miejsce		43.	o dwudziestej pierwszej	
13.	miejsce na środku		44.	o dwudziestej trzeciej	
14.	miejsce przy korytarzu		45.	o dwunastej	
15.	miejsce przy oknie		46.	o dziesiątej	
16.	miejscówka		47.	o dziewiątej	
17.	numer miejsca		48.	o dziewiętnastej	
18.	numer wagonu		49.	o jedenastej	
19.	odjazd		50.	o osiemnastej	
20.	odjeżdża		51.	o ósmej	
21.	okno		52.	o piątej	
22.	opóźniony		53.	o pierwszej	
23.	peron		54.	o piętnastej	
24.	pociąg		55.	o siedemnastej	
25.	przez		56.	o siódmej	
26.	rodzaj biletu		57.	o szesnastej	
27.	sposób płatności		58.	o szóstej	
28.	stacja		59.	o trzeciej	
29.	środek		60.	o trzynastej	
30.	typ pociągu				
31.	typ wagonu				
32.	wagon bez przedziałów				
33.	wagon z przedziałami				

#	ZWROTY	TŁUMACZENIE
1.	Czy jest wolne miejsce przy oknie?	
2.	Czy mogę zapłacić gotówką?	
3.	Czy mogę zapłacić kartą?	
4.	Moment. Już sprawdzam.	
5.	Mam tylko miejsce na środku.	
6.	O której godzinie…?	
7.	O której godzinie odjeżdża pociąg?	
8.	Pociąg do stacji Warszawa odjeżdża z peronu pierwszego.	
9.	Pociąg jest opóźniony o 10 minut.	
10.	Proszę bilet na pociąg do Warszawy.	
11.	W tej kasie (można płacić) tylko gotówką.	
12.	Proszę czekać 10 minut.	
13.	Proszę powtórzyć.	
14.	Rozumiem.	

MODUŁ 12 — ZADANIE DOMOWE

1 Proszę napisać słownie, o ile minut pociągi są opóźnione.

a) Pociąg do Frankfurtu jest opóźniony o ____piętnaście____ minut. (15)

b) Pociąg do Wrocławia jest opóźniony o _____ minut. (10)

c) Pociąg do Kijowa jest opóźniony o _____ minut. (30)

d) Pociąg do Torunia jest opóźniony o _____ minut. (20)

e) Pociąg do Szczecina jest opóźniony o _____ minut. (40)

f) Pociąg do Wadowic jest opóźniony o _____ minut. (5)

2 Proszę połączyć.

1. o dziesiątej pięćdziesiąt   a) o 11:08
2. o dwudziestej drugiej pięć   b) o 12:55
3. o jedenastej osiem   c) o 22:05
4. o szóstej szesnaście   d) o 10:50
5. o dwunastej pięćdziesiąt pięć   e) o 6:16
6. o ósmej dwanaście   f) o 8:12

3 Proszę przeczytać dialog i wstawić brakujące słowa. Uwaga! W ramce podano więcej słów niż to jest potrzebne.

> czy   gotówką   jeszcze   oknie   ~~pociąg~~   prosić   Rozumiem   zapłacić

Turysta: **Dzień dobry. Proszę dwa bilety na ____pociąg____ do Wrocławia. O dziewiątej pięć.**
Kasjer: **Bilety normalne _____ ulgowe?**
Turysta: **Normalne. Czy jest wolne miejsce przy _____ ?**
Kasjer: **Moment. Już sprawdzam. Niestety nie. Mam tylko dwa miejsca na środku.**
Turysta: **To proszę.**
Kasjer: **Razem 115 złotych.**
Turysta: **Czy mogę _____ kartą?**
Kasjer: **W tej kasie tylko _____ .**
Turysta: **_____ . Proszę.**

MODUŁ 13 CHCĘ ZAREZERWOWAĆ POKÓJ *I'D LIKE TO BOOK A ROOM*

• rezerwowanie pokoju • dni tygodnia • problemy w hotelu
• *booking a room • days of the week • complaining at a hotel*

1a Proszę wysłuchać nagrania i powtórzyć za lektorem słowa.

a) @ **małpa**   b) . **kropka**   c) / **ukośnik**   d) - **myślnik**   e) _ **podkreślenie**

1b Proszę wysłuchać nagrania i uzupełnić brakujące dane w adresach e-mailowych i adresach stron internetowych hoteli. Następnie proszę przeczytać swoje odpowiedzi na forum grupy.

Przykład: www. _europejski_ .pl

a) www. _____
b) recepcja@ _____
c) _____ .com
d) www. _____ .pl
e) _____ @sheraton.com

2a Proszę obejrzeć oznaczenia przedstawiające różne typy pokoi hotelowych, a następnie wysłuchać nagrania i powtórzyć za lektorem ich nazwy.

a) **pokój jednoosobowy**
b) **pokój dwuosobowy**
c) **pokój trzyosobowy**
d) **apartament**
e) **pokój z łazienką**
f) **pokój z balkonem**
g) **pokój ze śniadaniem**
h) **pokój z Internetem**
i) **pokój bez łazienki**
j) **pokój bez balkonu**
k) **pokój bez śniadania**
l) **pokój bez Internetu**

Apartament refers to a suite.

2b Proszę napisać, jaki to typ pokoju.

Przykład: To jest _pokój trzyosobowy_.

a) To jest _____ .
b) To jest _____ .
c) To jest _____ .
d) To jest _____ .

3a Proszę wysłuchać nagrania, a następnie zdecydować, czy zdania są prawdziwe *(TAK)*, czy fałszywe *(NIE)*.

Recepcjonistka: **Hotel Varsovia, słucham!**	Receptionist: Hello, *Varsovia Hotel*. How may I help you? (literally: I'm listening)
Marcin: **Dzień dobry! Mówi Marcin Radust. Czy są jeszcze wolne pokoje w ten weekend?**	Marcin: Good morning! This is Marcin Radust. Do you have any rooms available for this weekend?
Recepcjonistka: **Tak, są.**	Receptionist: Yes, we do.
Marcin: **Świetnie! Chcę zarezerwować pokój dwuosobowy. Ile kosztuje?**	Marcin: Wonderful! I'd like to reserve a double room. How much would that cost?
Recepcjonistka: **150 złotych. Pokój jest z łazienką, ze śniadaniem, bez balkonu.**	Receptionist: 150zl. The room is ensuite (literally: with a bathroom) with breakfast but without a balcony.
Marcin: **Dobrze, proszę.**	Marcin: OK, I'll take it.
Recepcjonistka: **Na ile dni chce pan zarezerwować pokój?**	Receptionist: How many days would you like to reserve the room for?
Marcin: **Tylko na dwa.**	Marcin: Only for 2.
Recepcjonistka: **Kiedy przyjazd?**	Receptionist: When will you be arriving? (literally: When is the arrival?)
Marcin: **Przyjazd w sobotę, wyjazd w niedzielę.**	Marcin: I'll be arriving on Saturday and departing on Sunday. (literally: The arrival is on Saturday and the departure is on Sunday)
Recepcjonistka: **Rozumiem. Jak się pan nazywa?**	Receptionist: I see. May I have your full name?
Marcin: **Marcin Radust.**	Marcin: Marcin Radust.
Recepcjonistka: **Przepraszam, źle słyszę. Imię?**	Receptionist: I'm sorry, but I didn't get that. (May I have your) first name?
Marcin: **Marcin.**	Marcin: Marcin.
Recepcjonistka: **Nazwisko?**	Receptionist: (And your) surname?
Marcin: **Radust. R – A – D – U – S – T.**	Marcin: Radust. R – A – D – U – S – T.
Recepcjonistka: **Jaki ma pan numer telefonu?**	Receptionist: May I have your telephone number?
Marcin: **607 234 580.**	Marcin: 607 234 580.
Recepcjonistka: **E-mail?**	Receptionist: (May I have your) e-mail (address)?
Marcin: **marcin.radust@op.pl**	Marcin: marcin.radust@op.pl
Recepcjonistka: **Dziękuję. Zapraszamy!**	Receptionist: Thank you. We look forward to your visit. (literally: We welcome you)

- wolny pokój – vacant room
- Chcę zarezerwować pokój. – I'd like to reserve a room.
- przyjazd – arrival
- wyjazd – departure
- imię – first name
- nazwisko – surname
- Jaki ma pani / pan numer telefonu? – What is your (polite form) telephone number?
- Jaki ma pani / pan e-mail? – What is your (polite form) e-mail address?

Przykład: Pokój jest dwuosobowy. **TAK** / NIE
a) Pokój kosztuje 150 złotych. TAK / NIE
b) Pokój jest bez łazienki. TAK / NIE
c) Pokój jest ze śniadaniem, ale bez balkonu. TAK / NIE
d) Marcin rezerwuje pokój na trzy dni. TAK / NIE
e) Wyjazd jest w sobotę. TAK / NIE
f) Marcin nazywa się Radusiński. TAK / NIE
g) Hotel nazywa się *Varsovia*. TAK / NIE

Na ile dni?	*dni tygodnia*	*kiedy?*
– For how many days?	– days of the week	– when?
na jeden dzień – for one day	*poniedziałek* – Monday	*w poniedziałek* – on Monday
na dwa dni – for two days	*wtorek* – Tuesday	*we wtorek* – on Tuesday
na trzy/cztery/pięć/sześć/siedem dni – for three/four/five/six/seven days	*środa* – Wednesday	*w środę* – on Wednesday
	czwartek – Thursday	*w czwartek* – on Thursday
	piątek – Friday	*w piątek* – on Friday
na tydzień – for a week	*sobota* – Saturday	*w sobotę* – on Saturday
na weekend – for the weekend	*niedziela* – Sunday	*w niedzielę* – on Sunday

 3b Słuchając nagrania, proszę odegrać rolę Marcina z ćw. 3a. ● str. 102

 4 Proszę zapoznać się z elektroniczną rezerwacją pokoju w *Hotelu Sarmata*, a następnie uzupełnić dialog odpowiednimi informacjami.

Rezerwacja elektroniczna *Hotel Sarmata*

Przyjazd | 2012 | 03 | 16 | piątek
Wyjazd | 2012 | 03 | 17 | sobota

Pokój
- ● jednoosobowy   ○ dwuosobowy   ○ trzyosobowy   ○ apartament
- ● z łazienką   ○ bez łazienki   ● ze śniadaniem   ○ bez śniadania
- ● z Internetem   ○ bez Internetu   ○ z balkonem   ● bez balkonu

Imię Gaja   **Telefon** 612 280 622
Nazwisko Pawlik **E-mail** gapa@interia.pl

Recepcjonista: Hotel ___Sarmata___, słucham!
Gaja: Dzień dobry! Mówi Gaja _____ . Czy są jeszcze wolne pokoje w ten weekend?
Recepcjonista: Tak, są.
Gaja: Świetnie! Chcę zarezerwować pokój _____ .
Recepcjonista: Z łazienką?
Gaja: Tak, z łazienką, ze _____, z _____, bez _____ .
Recepcjonista: Kiedy przyjazd?
Gaja: Przyjazd w _____, wyjazd w _____ .
Recepcjonista: Rozumiem. Jak się pani nazywa?
Gaja: Gaja Pawlik.
Recepcjonista: Jaki ma pani numer telefonu?
Gaja: 612 280 622.
Recepcjonista: E-mail?
Gaja: _____ .
Recepcjonista: Dziękuję. Zapraszamy.

5 Proszę utworzyć z kolegą / koleżanką dialog, wykorzystując słowa i zwroty:
apartament / ze śniadaniem / Chcę zarezerwować… / przyjazd / wyjazd / w piątek / w niedzielę, **a następnie zaprezentować go na forum grupy.**

_____
_____
_____

6a Proszę obejrzeć ilustracje przedstawiające problematyczne sytuacje w hotelu, a następnie wysłuchać nagrania i powtórzyć za lektorem zwroty.

a) **telewizor nie działa**

b) **pilot nie działa**

c) **klimatyzacja nie działa**

d) **ogrzewanie nie działa**

e) **lampa nie działa**

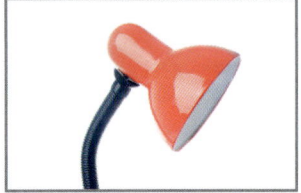
f) **lampka nocna nie działa**

g) **czajnik nie działa**

h) **toaleta nie działa**

i) **prysznic nie działa**

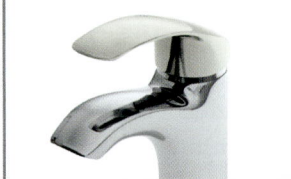
j) **kran nie działa**

k) **suszarka nie działa**

telewizor / pilot / klimatyzacja… nie działa – the TV / remote / air conditioning… isn't working

> In situations where you would like to talk about problems with opening / closing the door you may use the expressions *Nie mogę otworzyć / zamknąć drzwi.* (I can't open / close the door). If the problem is that you have forgotten the key you can say *Zapomniałem* (male) / *zapomniałam* (female) *klucza.* (I forgot the key) or if you lose the key, say *Zgubiłem* (male) / *zgubiłam* (female) *klucz.* (I lost the key).

6b Jakie urządzenie nie działa? Proszę uzupełnić zdania, wykorzystując informacje z ćw. 6a.

Przykład:
Przepraszam, ale w pokoju nr 14 nie działa ___*toaleta*___ .

a) Przepraszam, ale w pokoju nr 9 nie działa _____ .

b) Przepraszam, ale w pokoju nr 6 nie działa _____ .

c) Przepraszam, ale w pokoju nr 19 nie działa _____ .

d) Przepraszam, ale w pokoju nr 2 nie działa _____ .

e) Przepraszam, ale w pokoju nr 7 nie działa _____ .

MODUŁ 13 — LISTA SŁÓWEK I ZWROTÓW

	SŁÓWKA	TŁUMACZENIE		SŁÓWKA	TŁUMACZENIE
1.	apartament		28.	świetnie	
2.	balkon		29.	telewizor	
3.	czajnik		30.	toaleta	
4.	imię		31.	ukośnik	
5.	klimatyzacja		32.	w piątek	
6.	kran		33.	w sobotę	
7.	kropka		34.	w weekend	
8.	lampa		35.	weekend	
9.	lampka nocna		36.	wolny pokój	
10.	łazienka		37.	wyjazd	
11.	małpa		38.	zapraszamy	
12.	myślnik		39.	zarezerwować	
13.	nazwisko				
14.	nie działa				
15.	niedziela				
16.	ogrzewanie				
17.	piątek				
18.	pilot				
19.	podkreślenie				
20.	pokój				
21.	pokój dwuosobowy				
22.	pokój jednoosobowy				
23.	pokój trzyosobowy				
24.	pokój z balkonem / bez balkonu				
25.	sobota				
26.	suszarka				
27.	śniadanie				

	ZWROTY	TŁUMACZENIE
1.	Chcę zarezerwować pokój dwuosobowy.	
2.	Chcę zarezerwować pokój na dwa dni.	
3.	Czy są jeszcze wolne pokoje w ten weekend?	
4.	Jaki ma pan / pani numer telefonu?	
5.	Jaki ma pan / pani e-mail?	
6.	Kiedy przyjazd?	
7.	Na ile dni chce pan / pani zarezerwować pokój?	
8.	Nie działa czajnik / klimatyzacja / kran.	
9.	Nie działa lampa / lampka nocna.	
10.	Nie działa ogrzewanie / pilot / prysznic.	
11.	Nie działa suszarka / telewizor / toaleta.	
12.	Przepraszam, źle słyszę.	

MODUŁ 13 — ZADANIE DOMOWE

1 Proszę nazwać znaki używane w adresach e-mailowych.

a) **.** _kropka_
b) **_** _____
c) **/** _____
d) **@** _____
e) **-** _____

2 Proszę przeczytać fragment rozmowy telefonicznej i zdecydować, które zdania są wypowiadane przez recepcjonistkę, a które przez turystę Marcina.

	RECEPCJONISTKA	MARCIN
a) – 150 złotych. Pokój jest z łazienką, ze śniadaniem, bez balkonu.	☒	☐
b) – Świetnie! Chcę zarezerwować pokój dwuosobowy. Ile kosztuje?	☐	☐
c) – Przyjazd w sobotę, wyjazd w niedzielę.	☐	☐
d) – Hotel *Varsovia*, słucham!	☐	☐
e) – Kiedy przyjazd?	☐	☐
f) – Jaki ma pan numer telefonu?	☐	☐
g) – Dzień dobry! Mówi Marcin Radust. Czy są jeszcze wolne pokoje w ten weekend?	☐	☐
h) – Rozumiem. Jak się pan nazywa?	☐	☐
i) – Na ile dni chce pan zarezerwować pokój?	☐	☐
j) – Marcin Radust.	☐	☐
k) – Przepraszam, źle słyszę. Imię?	☐	☐
l) – Dziękuję. Zapraszamy!	☐	☐
ł) – 607 234 580.	☐	☐

3 Jakie urządzenie nie działa? Proszę uzupełnić brakujące litery.

a) W moim pokoju nie działa **k** _r a n_ .
b) W pokoju nr 237 nie działa **o** _ _ _ _ _ _ _ _ _ _ .
c) W pokoju Stefana nie działa **k** _ _ _ _ _ _ _ _ _ _ _ _ .
d) W apartamencie nie działa **s** _ _ _ _ _ _ _ _ _ .
e) W pokoju nr 13 nie działa **p** _ _ _ _ _ _ _ _ _ .
f) W pokoju Marcina nie działa **l** _ _ _ _ _ _ _ _ _ _ .

MODUŁ 14 — **MAM PROBLEM** *I HAVE A PROBLEM*

• zgłaszanie kradzieży lub zguby • podawanie danych osobowych
• *reporting lost or stolen items • giving personal details*

1 Proszę obejrzeć ilustracje, wysłuchać nagrania i powtórzyć za lektorem zdania. Następnie proszę porozmawiać z kolegą / koleżanką, wykorzystując struktury:
Czy zgubiłeś / zgubiłaś kiedyś…? **oraz** Czy skradziono ci kiedyś…?

a) **Zgubiłem paszport!**

b) **Zgubiłam portfel!**

c) **Zgubiłem kluczyki do samochodu!**

d) **Zgubiłem plecak!**

e) **Zgubiłem walizkę!**

f) **Zgubiłam kamerę!**

g) **Skradziono mi aparat fotograficzny!**

h) **Skradziono mi telefon!**

i) **Skradziono mi kartę kredytową!**

ZGUBIĆ – TO LOSE
(past tense conjugation)

♀	♂	♀♀ / ♂♀	♂♂
(ja) zgubiłem	(ja) zgubiłam	(my) zgubiliśmy	(my) zgubiłyśmy
(ty) zgubiłeś	(ty) zgubiłaś	(wy) zgubiliście	(wy) zgubiłyście
on zgubił	ona zgubiła	oni zgubili	one zgubiły

Skradziono mi aparat fotograficzny / telefon / kartę kredytową… – My camera / phone / credit card… was stolen.

2a O jakich problemach mówią turyści? Proszę wysłuchać nagrania i uzupełnić zdania.

a) Tristan: Zgubiłem _telefon_ !
b) Shaun: Zgubiłem _____ !
c) Eriko: Zgubiłam _____ !
d) Duncan: Skradziono mi _____ !
e) Phil: Zgubiłem _____ !
f) Helga: Skradziono mi _kartę kredytową_ !
g) Martin: Skradziono mi _____ !
h) Carolyn: Zgubiłam _____ !

2b Poniższe ilustracje pokazują miejsca, gdzie turyści z ćw. 2a mieli problemy. Proszę dopasować wyrażenia z ramki do odpowiednich ilustracji, a następnie jeszcze raz wysłuchać nagrania z ćw. 2a i sprawdzić swoje odpowiedzi.

> w tramwaju   w restauracji   w klubie   w sklepie
> w metrze   na dworcu   na lotnisku   na ulicy

a) Tristan: Zgubiłem telefon _w restauracji_ .

b) Shaun: Zgubiłem paszport _____ .

c) Eriko: Zgubiłam walizkę _____ .

d) Duncan: Skradziono mi plecak _____ .

e) Phil: Zgubiłem kamerę _____ .

f) Helga: Skradziono mi kartę kredytową _____ .

g) Martin: Skradziono mi portfel _____ .

h) Carolyn: Zgubiłam aparat fotograficzny _____ .

To jest…	This is…	**Gdzie?**	Where?
dworzec	the station	na dworcu	at the station
klub	the club	w klubie	at the club
lotnisko	the airport	na lotnisku	at the airport
metro	the underground / subway	w metrze	on the underground / subway
restauracja	the restaurant	w restauracji	at the restaurant
sklep	the shop	w sklepie	at the shop
tramwaj	the tram	w tramwaju	on the tram
ulica	the street	na ulicy	in the street

3a Proszę obejrzeć polski dowód osobisty i porównać go ze swoim dokumentem tożsamości. Jakie informacje występują na obydwu dokumentach, a których brak? Proszę podzielić się obserwacjami z kolegą / koleżanką, używając zwrotów: Na polskim dowodzie jest… / Na moim dokumencie jest… .

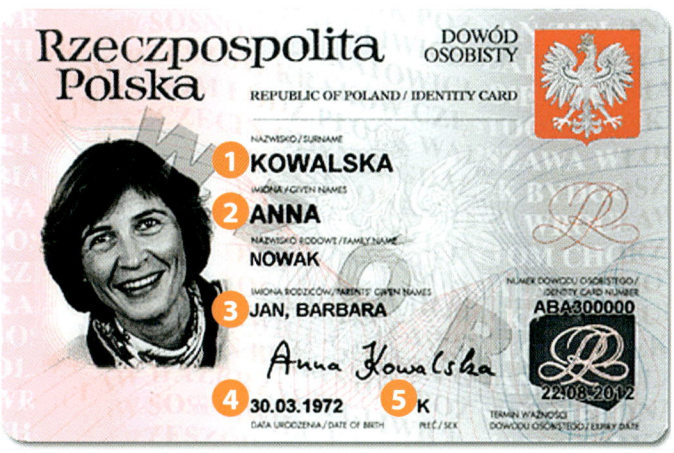

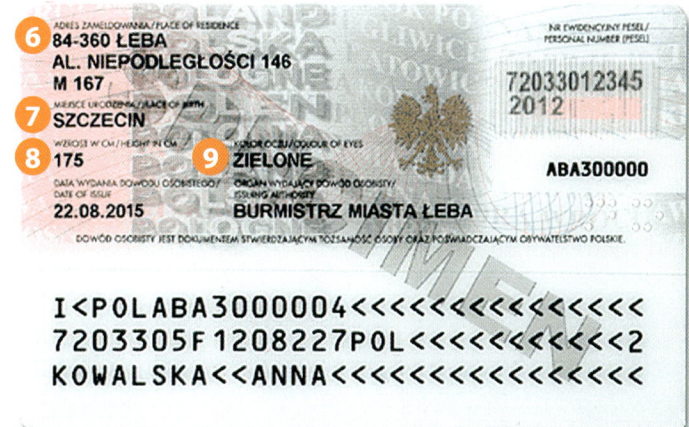

1. **nazwisko** – surname
2. **imię** – first name
3. **imiona rodziców** – parents' first names
4. **data urodzenia** – date of birth
5. **płeć** – sex; K – **kobieta** (female), M – **mężczyzna** (male)
6. **adres zameldowania** – registered address
7. **miejsce urodzenia** – place of birth
8. **wzrost** – height
9. **kolor oczu** (*niebieski / zielony / czarny / brązowy / piwny / szary*) – eye colour (blue / green / black / brown / hazel / grey)

 3b Wykorzystując informacje z ćw. 3a, proszę uzupełnić zdania.

Przykład: Kobieta ma na imię _____*Anna*_____ .
a) Ona nazywa się _____ .
b) Rodzice Anny mają na imię _____ .
c) Adres Anny to: _____ .
d) Ona ma _____ centymetrów wzrostu.
e) Ona ma _____ kolor oczu.

3c Proszę wysłuchać nagrania i powtórzyć słowa za lektorem.

a) imię / imiona / imiona rodziców
b) nazwisko
c) adres zameldowania
d) płeć / kobieta / mężczyzna
e) data urodzenia / miejsce urodzenia
f) wzrost
g) kolor oczu
h) niebieski / zielony / czarny / brązowy / piwny / szary

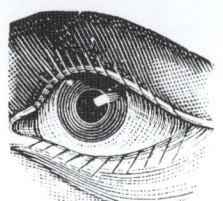

  3d Co mówi lektor? Proszę wysłuchać nagrania i podkreślić właściwe słowo.

Przykład: imię / <u>imiona</u> / nazwisko
a) nazwisko / imiona / imię
b) data urodzenia / miejsce urodzenia
c) płeć / wzrost / kolor oczu
d) kobieta / mężczyzna
e) zielony / niebieski / piwny
f) czarny / brązowy / zielony

> *Ważne dokumenty* – important documents:
> * *paszport* – passport
> * *dowód osobisty* – ID card
> * *prawo jazdy* – driving licence
> * *dowód rejestracyjny* – car registration document

  4a Pan Grass jest na urlopie w Polsce. Podczas zakupów zgubił kartę kredytową. Nie może dodzwonić się do swojego banku w Niemczech, dlatego idzie do polskiego oddziału *Deutsche Banku*, aby zablokować kartę. Proszę wysłuchać fragmentu rozmowy i uzupełnić brakujące słowa.

Pan Grass: Dzień dobry! Czy może mi pan pomóc?
Pracownik banku: Dzień dobry! Oczywiście. Jaki jest problem?
Pan Grass: Jestem turystą. Zgubiłem kartę kredytową.
Pracownik banku: Rozumiem. Chce pan zablokować kartę?
Pan Grass: Tak. Bardzo proszę.
Pracownik banku: Dobrze. Proszę o kilka informacji. <u>Imię</u>?
Pan Grass: Gustaw.
Pracownik banku: _____?
Pan Grass: Grass.
Pracownik banku: Imiona _____?
Pan Grass: Helmut i Claudia.
Pracownik banku: _____ zameldowania?
Pan Grass: Berlin, Kochstraße _____ .
Pracownik banku: Koch… Przepraszam, proszę przeliterować.
Pan Grass: K – o – c – h – s – t – r – a – s – s – e.
Pracownik banku: Dziękuję. _____ urodzenia?
Pan Grass: Przepraszam, nie rozumiem, mówię tylko trochę po polsku.
Pracownik banku: Data urodzenia. Proszę tutaj napisać.
Pan Grass: Oo, rozumiem.

   4b Słuchając nagrania, proszę odegrać rolę pana Grassa z ćw. 4a.

MODUŁ 14 — LISTA SŁÓWEK I ZWROTÓW

	SŁÓWKA	TŁUMACZENIE
1.	adres zameldowania	
2.	aparat fotograficzny	
3.	brązowy	
4.	data urodzenia	
5.	imiona	
6.	imiona rodziców	
7.	kamera	
8.	karta kredytowa	
9.	kluczyki do samochodu	
10.	kobieta	
11.	kolor oczu	
12.	mężczyzna	
13.	miejsce urodzenia	
14.	oczywiście	
15.	paszport	
16.	piwny	
17.	plecak	
18.	płeć	
19.	portfel	
20.	szary	
21.	w klubie	
22.	w metrze	
23.	w sklepie	
24.	w tramwaju	
25.	w restauracji	
26.	walizka	
27.	wzrost	
28.	zgubić	

	ZWROTY	TŁUMACZENIE
1.	Czy może pan / pani mi pomóc?	
2.	Czy chce pan / pani zablokować kartę?	
3.	Jaki jest problem?	
4.	Jestem turystą.	
5.	Mam problem.	
6.	na dworcu	
7.	na lotnisku	
8.	na ulicy	
9.	Proszę o kilka informacji.	
10.	Proszę tutaj napisać.	
11.	Skradziono mi aparat fotograficzny / telefon.	
12.	Skradziono mi kartę kredytową.	
13.	Zgubiłem / zgubiłam paszport / portfel / plecak.	
14.	Zgubiłem / zgubiłam kamerę / walizkę.	
15.	Zgubiłem / zgubiłam kartę kredytową.	

MODUŁ 14 — ZADANIE DOMOWE

1 Proszę połączyć zdania z odpowiednimi ilustracjami.

a) Pan Kaczmarczyk zgubił telefon w klubie.

b) Skradziono mi walizkę w metrze.

c) Zgubiłam paszport na lotnisku.

d) Pani Amelia zgubiła kluczyki do samochodu na ulicy.

e) Skradziono mi portfel w sklepie.

f) Bartek zgubił plecak na dworcu.

g) Ela zgubiła telefon w tramwaju.

h) Skradziono mi kamerę w restauracji.

a	b	c	d	e	f	g	h
7							

2 Proszę wpisać swoje dane.

1. Imię:
2. Nazwisko:
3. Imiona rodziców:
4. Płeć:
5. Miejsce urodzenia:
6. Wzrost:
7. Kolor oczu:
8. Numer telefonu:

MODUŁ 15 — BOLI MNIE GŁOWA *MY HEAD HURTS*

• części ciała • informowanie o problemach zdrowotnych • nazwy lekarstw • apteka
• parts of the body • talking about health problems • types of medicine • at the pharmacy

1 Proszę wysłuchać nagrania i powtórzyć za lektorem nazwy części ciała.

 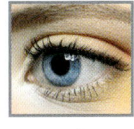 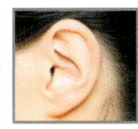 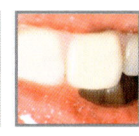 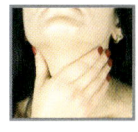 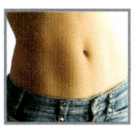   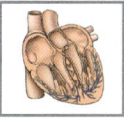

a) **głowa** b) **oko** c) **ucho** d) **ząb** e) **gardło** f) **brzuch** g) **ręka** h) **noga** i) **serce**

2 Proszę podpisać ilustracje odpowiednimi nazwami części ciała z ćw.1.

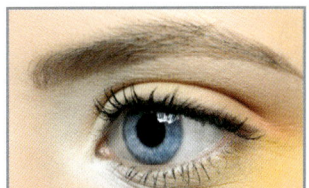 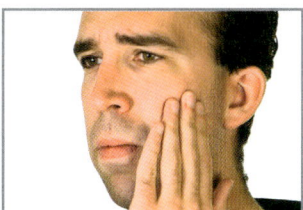 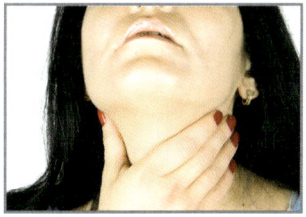 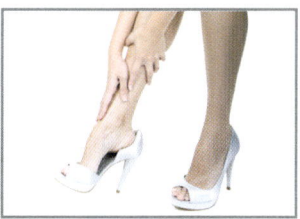

a) Boli mnie *oko* . b) Boli mnie _____ . c) Boli mnie _____ . d) Boli mnie _____ .

 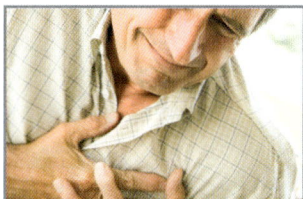 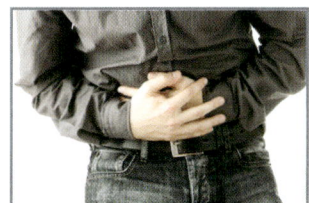 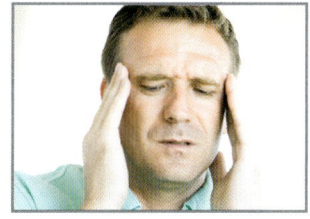

e) Boli mnie _____ . f) Boli mnie _____ . g) Boli mnie _____ . h) Boli mnie _____ .

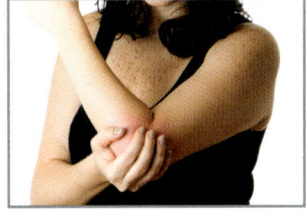  

i) Boli mnie _____ . j) Mam gorączkę. k) Mam katar.

- Boli mnie głowa / oko / ząb… – My head / eye / thooth… hurts.
- Mam gorączkę.
  – I have a fever.
- Mam katar.
  – I have runny nose.
- Mam kaszel.
  – I have a cough.
- Mam alergię.
  – I have an allergy.

l) Mam kaszel.   ł) Mam alergię.

3 Proszę wysłuchać nagrania i powtórzyć za lektorem zdania z ćw. 2.

4 Proszę zdecydować, jakie problemy zdrowotne mają osoby przedstawione na ilustracjach.

Przykład:
a) Mam kaszel.
b) <u>Mam katar.</u>
c) Mam temperaturę.

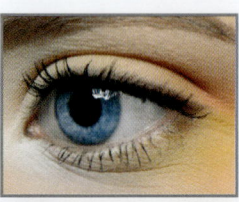

3.
a) Boli mnie ucho.
b) Boli mnie oko.
c) Boli mnie ręka.

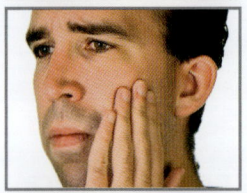

1.
a) Boli mnie głowa.
b) Boli mnie serce.
c) Boli mnie ząb.

4.
a) Mam kaszel.
b) Mam katar.
c) Mam alergię.

2.
a) Mam katar.
b) Mam temperaturę.
c) Mam kaszel.

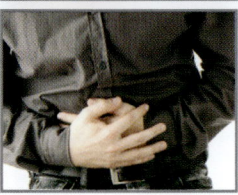

5.
a) Boli mnie noga.
b) Boli mnie gardło.
c) Boli mnie brzuch.

5 Proszę wysłuchać nagrania i powtórzyć za lektorem nazwy lekarstw i środków medycznych. Następnie proszę porozmawiać z kolegą / koleżanką, jakie lekarstwa i środki medyczne mogą znajdować się w apteczce podręcznej.

LEKARSTWA MEDICINES

a) **termometr** a thermometer
b) **bandaż** a bandage
c) **plastry** plasters
d) **recepta** a prescription
e) **krople** drops
f) **syrop** syrup
g) **maść** ointment
h) **tabletki przeciwbólowe** painkillers
i) **antybiotyk** antibiotic

- lekarstwo pomoże / nie pomoże – the medicine helps / doesn't help
- lekarstwo na receptę / bez recepty – medicines on prescription / without a prescription
- Czy może pan / pani mi pomóc? – Could you (polite form) help me?
- Jestem chory. (male) / Jestem chora. (female) – I'm ill.
- POMOCY! – HELP!
- sprzedać – to sell
- kupować – to buy
- iść do lekarza – to go to the doctor
- iść do dentysty – to go to the dentist

Citizens of the EU who have a health insurance card or an E111 form are entitled to free medical treatment. If a patient is not in possession of either a health insurance card or an E111 form but is insured in their country, they must pay for the cost of medical treatment but may claim for a refund in their home country.

6 Proszę wysłuchać trzech dialogów i odpowiedzieć na pytania.

a) Karolina: **Dzień dobry! Proszę syrop na kaszel.**
Farmaceuta: **Coś jeszcze?**
Karolina: **Boli mnie też trochę brzuch.**
Farmaceuta: **Jak długo?**
Karolina: **Kilka dni.**
Farmaceuta: **Proszę, to są bardzo dobre tabletki przeciwbólowe.**
Karolina: **Dziękuję.**

Karolina: Good afternoon. May I have some cough syrup, please?
Pharmacist: Anything else?
Karolina: I've also got a slight stomach ache.
Pharmacist: How long (have you had it for)?
Karolina: A few days.
Pharmacist: Here you are. These are very good painkillers.
Karolina: Thank you.

1) Co boli Karolinę? _Brzuch i gardło._
2) Jakie lekarstwo kupuje Karolina? ____

b) Jan: **Proszę *Anginex* na gardło.**
Farmaceuta: **To jest antybiotyk. Czy ma pan receptę?**
Jan: **Nie, nie mam.**
Farmaceuta: **Niestety, nie mogę sprzedać tego lekarstwa bez recepty.**
Jan: **Rozumiem. Dziękuję.**

Jan: May I have *Anginex* for my throat?
Pharmacist: That's an antibiotic. Do you have a prescription?
Jan: No, I don't.
Pharmacist: Unfortunately, I can't sell this medicine without a prescription.
Jan: I understand. Thank you.

1) Co boli Jana? ____
2) Jakie lekarstwo kupuje Jan? ____

c) Danuta: **Dzień dobry! Bardzo boli mnie serce.**
Farmaceuta: **Proszę, to są krople. Jeśli to nie pomoże, proszę iść do lekarza.**
Danuta: **Dobrze. Dziękuję.**

Danuta: Good afternoon! I have a pain in my heart.
Pharmacist: Here are some drops. If this doesn't help, please see your doctor.
Danuta: OK. Thank you.

1) Co boli Danutę? ____
2) Jakie lekarstwo kupuje Danuta? ____

7 Proszę wysłuchać nagrania i uzupełnić dialogi.

a) Klient: Dzień dobry! Poproszę _termometr_.
Farmaceuta: Coś jeszcze?
Klient: Tak. Boli mnie trochę ____ .
Farmaceuta: Jak długo?
Klient: ____ dni.
Farmaceuta: Proszę, to jest dobry ____ eukaliptusowy. Kosztuje 12 złotych.
Klient: Dobrze. Proszę.

b) Klientka: Dzień dobry! Bardzo boli mnie ____ .
Farmaceuta: Proszę, to są ____ przeciwbólowe. Jeśli to nie pomoże, proszę iść do dentysty.
Klientka: Dobrze. Dziękuję.

8 Proszę utworzyć z kolegą / koleżanką dialog, wykorzystując słowa i zwroty: krople / Kilka dni / Boli mnie ucho / Jak długo?**, a następnie zaprezentować go na forum grupy.**

____
____
____

MODUŁ 15 — LISTA SŁÓWEK I ZWROTÓW

	SŁÓWKA	TŁUMACZENIE
1.	alergia	
2.	antybiotyk	
3.	bandaż	
4.	brzuch	
5.	farmaceuta	
6.	gardło	
7.	głowa	
8.	gorączka	
9.	kaszel	
10.	katar	
11.	krople	
12.	kupować	
13.	lekarstwa	
14.	lekarstwo bez recepty	
15.	lekarstwo na receptę	
16.	maść	
17.	noga	
18.	oko	
19.	plastry	
20.	recepta	
21.	ręka	
22.	serce	
23.	sprzedać	
24.	syrop	
25.	syrop eukaliptusowy	
26.	syrop na kaszel	
27.	tabletki przeciwbólowe	
28.	termometr	
29.	ucho	
30.	ząb	

	ZWROTY	TŁUMACZENIE
1.	Boli mnie brzuch / głowa / ręka.	
2.	Boli mnie noga / ucho / serce.	
3.	Boli mnie oko / ząb / gardło.	
4.	Czy ma pan / pani receptę?	
5.	Jestem chory / chora.	
6.	Jeśli to nie pomoże, proszę iść do lekarza.	
7.	Kilka dni.	
8.	Mam alergię.	
9.	Mam gorączkę.	
10.	Mam kaszel.	
11.	Mam katar.	
12.	Nie mogę sprzedać tego lekarstwa bez recepty.	
13.	Pomocy!	
14.	Proszę iść do dentysty.	
15.	Proszę iść do lekarza.	

MODUŁ 15　**ZADANIE DOMOWE**

1 Proszę podpisać części ciała.

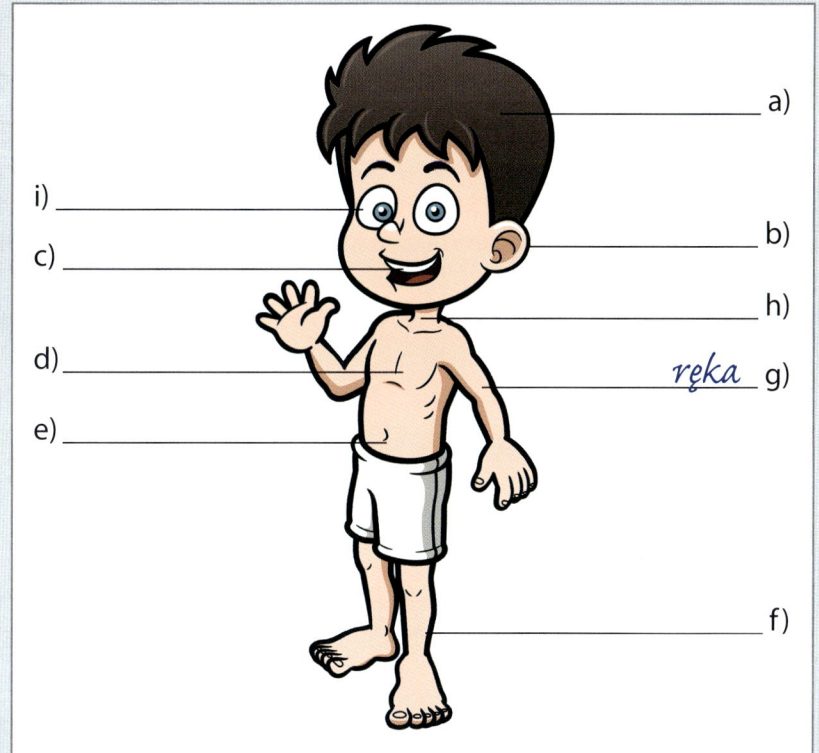

a) _____
b) _____
c) _____
d) _____
e) _____
f) _____
g) _ręka_
h) _____
i) _____

2 Proszę obejrzeć ilustracje i zdecydować, czy zdania są prawdziwe (TAK), czy nieprawdziwe (NIE).

		TAK	NIE
a)	Boli mnie ucho.	☐	☒
b)	To są plastry.	☐	☐
c)	Mam gorączkę.	☐	☐
d)	Mam kaszel.	☐	☐
e)	To są tabletki przeciwbólowe.	☐	☐
f)	Mam katar.	☐	☐
g)	Boli mnie gardło.	☐	☐
h)	To jest maść.	☐	☐

MODUŁ 16 — PROSZĘ BILET NA MECZ / I'D LIKE A TICKET FOR THE MATCH

- kupowanie biletów na wydarzenia kulturalne i sportowe • odczytywanie informacji z biletów
- *buying tickets for cultural and sporting events • understanding the information on tickets*

1a Proszę wysłuchać nagrania i powtórzyć za lektorem słowa. Następnie proszę zapytać kolegę / koleżankę, jakie znane instytucje kulturalne i sportowe są w jego / jej mieście. Proszę wykorzystać strukturę: Czy w twoim mieście jest…?

a) **stadion**   b) **teatr**   c) **opera**   d) **muzeum**   e) **klub muzyczny**   f) **kino**

1b Proszę wysłuchać sześciu dialogów i zdecydować, w jakich miejscach z ćw. 1a są one prowadzone. Następnie proszę przeczytać z kolegą / koleżanką dialogi 1–6 z podziałem na role.

1. *stadion*

Turysta: **Proszę bilet na mecz piłki nożnej Polska – Ukraina.**
Kasjer: **Czy ma pan kartę kibica?**
Turysta: **Nie mam.**
Kasjer: **Który sektor? Polska czy Ukraina?**
Turysta: **Polska.**
Kasjer: **Bardzo proszę, sektor B.**
Turysta: **Dziękuję.**

Tourist: I'd like a ticket for the Poland – Ukraine football match.
Cashier: Do you have a supporter's card?
Tourist: No, I don't.
Cashier: Which section? Polish or Ukrainian?
Tourist: Polish.
Cashier: Here you are, "B" section.
Tourist: Thank you.

- mecz piłki nożnej – football match
- karta kibica – supporter's card
- sektor – section

2. _____

Turysta: **Poproszę bilet na wystawę *World Press Photo*.**
Kasjer: **Proszę. Tu jest katalog.**

Tourist: I'd like a ticket for the *World Press Photo* exhibition.
Cashier: There you go. And here is the catalogue.

- wystawa – exhibition
- katalog – catalogue

3. _____

Turysta: **Proszę bilet na spektakl *Makbet*.**
Kasjer: **Jakie miejsce? Balkon czy parter?**
Turysta: **Balkon, proszę.**

Tourist: I'd like a ticket for *Macbeth*.
Cashier: Where would you like to sit? On the balcony or in the stalls?
Tourist: The balcony, please.

- spektakl – play
- miejsce – seat
- balkon – balcony
- parter – stalls

4. _____

Turysta: **Proszę dwa bilety na film *Mamma Mia!***
Kasjer: **Normalne czy ulgowe?**
Turysta: **Normalne, proszę.**
Kasjer: **O 17:00 czy o 20:00?**
Turysta: **O 20:00. Mam pytanie. Czy to jest film z dubbingiem?**
Kasjer: **Nie, to jest wersja oryginalna i ma polskie napisy.**
Turysta: **Rozumiem, bardzo dobrze!**

Tourist: Two tickets for *Mamma Mia!*
Cashier: Normal or concessions?
Tourist: Normal, please.
Cashier: At 5 pm or at 8 pm.
Tourist: At 8 pm. May I ask you a question? Is it a dubbed film?
Cashier: No, it's the original version and it has Polish subtitles.
Tourist: I see, very good!

- wersja oryginalna – original version
- film z dubbingiem – dubbed film

5. _____
Turysta: **Proszę bilet na operę Don Juan.**
Kasjer: **Czy ma pan rezerwację?**
Turysta: **Tak, na nazwisko Kowalski.**
Kasjer: **Proszę, rząd 8, miejsce 7.**

Tourist: I'd like a ticket for *Don Juan*.
Cashier: Do you have a reservation?
Tourist: Yes, I do. Under Kowalski.
Cashier: Here you are, row 8, seat 7.

6. _____
Turysta: **Proszę bilet na dzisiaj na koncert Old Metropolitan Band.**
Kasjer: **Niestety, ten koncert jest odwołany. Klub jest dzisiaj nieczynny. Zapraszamy w weekend.**

Tourist: I'd like a ticket for the *Old Metropolitan Band* concert for today.
Kasjer: Unfortunately, this concert has been cancelled. The club is closed today. Please try again at the weekend.

- rezerwacja – reservation
- rząd – row
- miejsce – seat

- odwołany – cancelled
- nieczynny – closed

Kiedy? – When?

(na) dzisiaj – (for) today
(na) jutro – (for) tomorrow
wczoraj – yesterday
rano, po południu, wieczorem – in the morning, in the afternoon, in the evening

2a Proszę połączyć początek zdania z jego końcem.

Czy ma pan — rezerwację?
Koncert jest — odwołany.
Klub jest — nieczynny.
Proszę bilet na — mecz piłki nożnej.
Czy to jest film z — dubbingiem?
Mam — pytanie.
Rezerwacja na nazwisko — Kowalski.

2b Proszę uzupełnić zdania, używając wyrażeń z ramki.

na spektakl   na koncert   ~~na film~~   na mecz   na wystawę   na operę

Przykład: Proszę bilet na dzisiaj ___*na film*___ *Slumdog*.

a) Proszę bilet na piątek _____ *U2*.

b) Proszę bilet na jutro _____ *Carmen*.

c) Proszę dwa bilety na dzisiaj _____ Real Madryt – FC Barcelona.

d) Proszę trzy bilety _____ *PopArt*.

e) Proszę cztery bilety na wtorek _____ *Faust*.

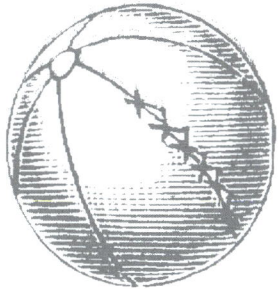

3 Proszę uzupełnić zdania, wykorzystując informacje zamieszczone na biletach.

Przykład: Sektor ma numer ___D11___.
a) Film ma tytuł _____.
b) Bilet na mecz kosztuje _____.
c) Miejsce w kinie *ARS* ma numer _____.
d) Rząd w *Teatrze Współczesnym* ma numer _____.
e) Mecz jest o godzinie _____.
f) Spektakl ma tytuł _____.

 4 Proszę utworzyć z kolegą / koleżanką dialog, wykorzystując słowa i zwroty: bilet normalny / na film *Avatar* / Który rząd? / 6 / 15 złotych, **a następnie zaprezentować go na forum grupy.**

_____
_____
_____
_____

86

MODUŁ 16 — LISTA SŁÓWEK I ZWROTÓW

	SŁÓWKA	TŁUMACZENIE
1.	balkon	
2.	bilet na dzisiaj	
3.	bilet na film	
4.	bilet na koncert	
5.	bilet na mecz	
6.	bilet na operę	
7.	bilet na spektakl	
8.	bilet na wystawę	
9.	dzisiaj	
10.	film z dubbingiem	
11.	karta kibica	
12.	katalog	
13.	klub muzyczny	
14.	koncert	
15.	mecz piłki nożnej	
16.	miejsce	
17.	napisy	
18.	nieczynny	
19.	odwołany	
20.	opera	
21.	parter	
22.	pytanie	
23.	rezerwacja	
24.	rezerwacja na nazwisko	
25.	rząd	
26.	sektor	
27.	stadion	
28.	tytuł	
29.	weekend	
30.	wersja oryginalna	
31.	wystawa	

	ZWROTY	TŁUMACZENIE
1.	Czy ma pan / pani kartę kibica?	
2.	Czy ma pan / pani rezerwację?	
3.	Czy to jest film z dubbingiem?	
4.	Jakie miejsce?	
5.	Klub jest dzisiaj nieczynny.	
6.	Koncert jest odwołany.	
7.	Który sektor?	
8.	Mam pytanie.	
9.	Mecz jest o godzinie…	
10.	Proszę bilet na mecz.	
11.	Spektakl ma tytuł…	
12.	Zapraszamy w weekend.	

MODUŁ 16 ZADANIE DOMOWE

1 Proszę ponumerować zdania w odpowiedniej kolejności, tak aby utworzyły sześć dialogów.

a)
2 Kasjer: **Czy ma pan kartę kibica?**
1 Turysta: **Proszę bilet na mecz piłki nożnej Polska – Ukraina.**
3 Turysta: **Nie mam.**
5 Turysta: **Polska.**
6 Kasjer: **Bardzo proszę, sektor B.**
4 Kasjer: **Który sektor? Polska czy Ukraina?**
7 Turysta: **Dziękuję.**

b)
___ Kasjer: **Proszę. Tu jest katalog.**
___ Turysta: **Poproszę bilet na wystawę** *World Press Photo*.

c)
___ Kasjer: **Jakie miejsce? Balkon czy parter?**
___ Turysta: **Balkon, proszę.**
___ Turysta: **Proszę bilet na spektakl** *Makbet*.

d)
___ Turysta: **Proszę dwa bilety na film** *Mamma Mia!*
___ Kasjer: **Normalne czy ulgowe?**
___ Kasjer: **O 17:00 czy o 20:00?**
___ Turysta: **Ulgowe, proszę.**
___ Turysta: **O 20:00. Mam pytanie. Czy to jest film z dubbingiem?**
___ Turysta: **Rozumiem, bardzo dobrze!**
___ Kasjer: **Nie, to jest wersja oryginalna i ma polskie napisy.**

e)
___ Turysta: **Proszę bilet na operę** *Don Juan*.
___ Turysta: **Tak, na nazwisko Kowalski.**
___ Kasjer: **Proszę, rząd 8, miejsce 7.**
___ Kasjer: **Czy ma pan rezerwację?**

f)
___ Turysta: **Proszę bilet na dzisiaj na koncert** *Old Metropolitan Band*.
___ Kasjer: **Niestety, ten koncert jest odwołany. Klub jest dzisiaj nieczynny. Zapraszamy w weekend.**

2 Proszę połączyć miejsce z odpowiednim rodzajem biletu.

a) stadion
b) teatr
c) opera
d) muzeum
e) klub muzyczny
f) kino

1) bilet na film
2) bilet na koncert
3) bilet na spektakl
4) bilet na mecz
5) bilet na operę
6) bilet na wystawę

MODUŁ 17 — VADEMECUM KIBICA *THE FOOTBALL SUPPORTERS' GUIDE*

• podstawowe słownictwo związane z piłką nożną • *basic footballing vocabulary*

1 Proszę obejrzeć ilustracje, wysłuchać nagrania i powtórzyć za lektorem słowa.

DRUŻYNA TEAM

a) **piłkarz** — football player
b) **bramkarz** — goalkeeper
c) **trener** — coach
d) **kapitan** — captain

STRÓJ PIŁKARZA A FOOTBALLER'S KIT

a) **piłka** — football
b) **koszulka** — shirt
c) **buty** — boots
d) **getry** — football socks
e) **spodenki** — shorts

MECZ MATCH

a) **pierwsza połowa** first half
b) **przerwa** half time
c) **druga połowa** second half
d) **sędzia** referee

   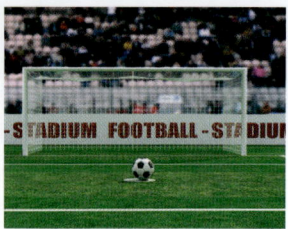

e) **żółta kartka** yellow card
f) **czerwona kartka** red card
g) **faul** foul
h) **rzut karny** penalty (kick)

i) **bramka** goal
j) **gol / bramka** goal
k) **bramka samobójcza** an own goal

 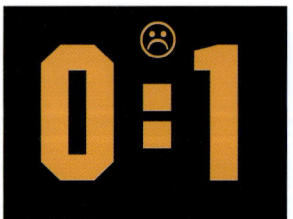 

l) **wygrać mecz** to win the match
ł) **przegrać mecz** to lose the match
m) **zremisować mecz / remis** to draw the match / draw

n) **kibice** supporters
o) **szalik klubowy** team scarf

2 Proszę rozwiązać miniquiz piłkarski, a następnie utworzyć wraz z kolegą / koleżanką podobny.

Przykład:
David Beckham to:

a) sędzia
b) bramkarz
c) piłkarz

4. To są:

a) kibice
b) buty
c) getry

1. To jest:

a) żółta kartka
b) czerwona kartka
c) pomarańczowa kartka

5. To jest:

a) faul
b) bramka samobójcza
c) rzut karny

2. Pierluigi Collina to:

a) piłkarz
b) sędzia
c) trener

6. Artur Boruc to:

a) polski bramkarz
b) polski trener
c) polski sędzia

3. 1 : 1 to znaczy:

a) przegrać mecz
b) zremisować mecz
c) wygrać mecz

7. To jest:

a) szalik
b) koszulka
c) bramka

 **3** Proszę podkreślić słowo, które nie pasuje do pozostałych.

Przykład: getry – spodenki – <u>bramka</u> – buty
a) bramkarz – sędzia – kapitan – piłka
b) piłka – bramka – spodenki – gol
c) wygrać – trener – przegrać – zremisować
d) kibice – żółta kartka – sędzia – czerwona kartka
e) druga połowa – przerwa – kapitan – pierwsza połowa
f) rzut karny – trener – faul – piłkarz

MODUŁ 17 — LISTA SŁÓWEK I ZWROTÓW

	SŁÓWKA	TŁUMACZENIE
1.	bramka	
2.	bramka samobójcza	
3.	bramkarz	
4.	buty	
5.	czerwona kartka	
6.	druga połowa	
7.	drużyna	
8.	faul	
9.	getry	
10.	gol	
11.	kapitan	
12.	kartka	
13.	kibic	
14.	kibice	
15.	koszulka	
16.	pierwsza połowa	
17.	piłka	
18.	piłkarz	
19.	połowa	
20.	przegrać mecz	
21.	przerwa	
22.	remis	
23.	rzut karny	
24.	szalik klubowy	
25.	sędzia	
26.	spodenki	
27.	strój piłkarza	
28.	trener	
29.	wygrać mecz	
30.	zremisować mecz	
31.	żółta kartka	

ZWROTY	TŁUMACZENIE

MODUŁ 17 ZADANIE DOMOWE

1 Proszę podpisać ilustracje.

a) _bramka_   b) _____   c) _____

d) _____   e) _____   f) _____

g) _____   h) _____

2* Proszę uzupełnić zdania, wykorzystując słowa z ramki.

bramkarz   Kapitan   piłkarz   trener   sędzia

a) Robert Lewandowski to polski _____ .
b) _Kapitan_ drużyny FC Barcelona nazywa się Lionel Messi.
c) José Mourinho to portugalski _____ .
d) Iker Casillas to _____ Realu Madryt.
e) Howard Webb to angielski _____ .

* W razie wątpliwości proszę skorzystać z Internetu i poszukać odpowiedzi.

Gratulujemy!
Autorka i Wydawca

TEKSTY NAGRAŃ *TRANSCRIPT*

MODUŁ 1

CD 1 • 3

Przykłady:
telefon
muzeum
komputer
a) radio
b) perfumy
c) hotel
d) dyskoteka
e) mapa
f) banan

MODUŁ 2

CD 2 • 1

a
ą
be
ce
cie
de
e
ę
ef
gie
ha
i
jot
ka
el
eł
em
en
eń
o
o z kreską
pe
er
es
eś
te
u
wu
igrek
zet
ziet
żet

CD 3 • 2

1. [ha]
2. [em]
3. [er]
4. [gie]
5. [zet]
6. [o z kreską]
7. [eń]
8. [pe]
9. [en], [jot]
10. [żet]
11. [igrek]
12. [eł]
13. [eś], [el]

CD 4 • 3

1. [gie-de-igrek-en-i-a]
2. [o-el-es-zet-te-igrek-en]
3. [wu-a-er-es-zet-a-wu-a]
4. [wu-er-o-ce-eł-a-wu]
5. [ce-zet-ę-es-te-o-ce-ha-o-wu-a]
6. [ka-er-a-ka-o z kreską-wu]
7. [zet-a-ka-o-pe-a-en-e]

CD 5 • 4

Przykład: [es-zet-ce-zet-e-ce-i-en]
1. [ka-a-te-o-wu-i-ce-e]
2. [be-igrek-de-gie-o-es-zet-ce-zet]
3. [ka-er-a-ka-o z kreską-wu]
4. [wu-er-o-ce-eł-a-wu]
5. [gie-de-a-eń-es-ka]

MODUŁ 3

CD 6 • 1

Single letters:

ą, nazywają, proponują, są
ę, język, Wałęsa, męski

ć, jechać, palić, telefonować
ś, środa, jesteśmy, coś
ń, słońce, Gdańsk, koń
ź, źle, źrebak, źrenica
ż, żurek, że, duży
ł, złoty, mało, łazienka
ó, Kraków, sól, napój

Combined letters:

ć, ciasto, ciepło, Okocim
ś, siedem, siostra, osiem
ń, nie, lotnisko, tenis
ź, zimny, zielony, łazienka

sz, szampan, reszta, grosz
cz, cztery, czekolada, poczta
dz, do widzenia, bardzo
dż, dżinsy, dżungla, dżudo
dź, dźwięk, dźwigać
rz, rzeka, dworzec, dobrze
ch, rachunek, słucham, Lech

CD 7 • 2a

baco, bardzo, cztery, szeryf, dżudo, cudo, koń, koś, lecz, Lech, łazanki, łazienka, palić, palisz, poszła, poczta, rzeka, szuka, są, sok, Skoda, środa, że, źle

CD 8 • 2b

Przykład: koń
a) że
b) Lech
c) rzeka
d) dżudo
e) bardzo
f) środa
g) cztery
h) są
i) palić
j) poczta
k) łazienka
l) grosz

CD 9 • 3

Roman Polański
Andrzej Wajda
Agnieszka Holland
Helena Modrzejewska
Wisława Szymborska
Ryszard Kapuściński
Czesław Niemen
Stanisław Wyspiański
Leszek Możdżer
Józef Piłsudski
Lech Wałęsa
Tadeusz Kościuszko

MODUŁ 4

CD 10 · 1
a) Dzień dobry!
Do widzenia!
b) Dobry wieczór!
Dobranoc!
c) Cześć!
Hej!

CD 11 · 2
a)
Ewa Mazur – Dzień dobry!
Jan Filar – Dzień dobry!
Ewa Mazur – Jak się pan nazywa?
Jan Filar – Nazywam się Jan Filar. A pani?
Ewa Mazur – Ewa Mazur.
b)
Dominik Konik – Dobry wieczór!
Olga Kruk – Dobry wieczór!
Dominik Konik – Jak się pani nazywa?
Olga Kruk – Nazywam się Olga Kruk. A pan?
Dominik Konik – Dominik Konik. Miło mi!
c)
Iwona Rejmer – Dzień dobry! Nazywam się Iwona Rejmer. A ty? Jak się nazywasz?
Kacper Grabowski – Kacper Grabowski.
d)
Paweł – Cześć!
Ela – Cześć!
Paweł – Jak się nazywasz?
Ela – Ela Nowak.

e)
Julka – Hej! Jestem Julka. A ty?
Wojtek – Hej! Jestem Wojtek.

CD 12 · 3
Przykład: On nazywa się Albert Einstein.
a) Ona nazywa się Mona Lisa.
b) On nazywa się Sylvester Stallone.
c) Oni nazywają się Katie Holmes i Tom Cruise.
d) Ona nazywa się Marilyn Monroe.
e) Oni nazywają się Michelle i Barack Obama.
f) On nazywa się Lech Wałęsa.

CD 13 · 4
a)
Adam Kowalski – Dzień dobry!
Patryk Nowak – Dzień dobry!
Adam Kowalski – Jak się pan nazywa?
Patryk Nowak – Nazywam się Patryk Nowak. A pan?
Adam Kowalski – Adam Kowalski.
Patryk Nowak – Miło mi!
b)
Filip – Cześć! Jestem Filip.
Karolina – Hej! Jestem Karolina.

CD 14 · 5
a) Przepraszam!
b) Proszę!
c) Tak!
d) Nie!
e) Dziękuję!
f) Dobrze!
g) Źle!
h) Nie rozumiem!

CD 15 · 6a
Recepcjonistka – Dzień dobry!
Paweł Kotyk – Dzień dobry!
Recepcjonistka – Jak się pan nazywa?
Paweł Kotyk – Paweł Kotyk.
Recepcjonistka – Przepraszam, Kotek?
Paweł Kotyk – Nie, Kotyk.
Recepcjonistka – Bardzo przepraszam. Proszę przeliterować!
Paweł Kotyk – *Ka – o – te – igrek – ka*.
Recepcjonistka – Dziękuję.
Paweł Kotyk – Proszę.
Recepcjonistka – Do widzenia!
Paweł Kotyk – Do widzenia!

CD 16 · 6b
Recepcjonistka – Dzień dobry!
Paweł Kotyk –
Recepcjonistka – Jak się pan nazywa?
Paweł Kotyk –
Recepcjonistka – Przepraszam, Kotek?
Paweł Kotyk –
Recepcjonistka – Bardzo przepraszam. Proszę przeliterować!
Paweł Kotyk –
Recepcjonistka – Dziękuję.
Paweł Kotyk –
Recepcjonistka – Do widzenia!
Paweł Kotyk –

MODUŁ 5

CD 17 · 1
a) cz – cza – cze – czy – cztery
b) sz – sza – sze – szy – sześć
c) si – sia – sie – siedem – osiem
d) ci – cia – cie – jedenaście – dwanaście
e) dzi – dzia – dzie – dziewięć – dziesięć

CD 18 · 2
zero
jeden
dwa
trzy
cztery
pięć
sześć
siedem
osiem
dziewięć
dziesięć
jedenaście
dwanaście

CD 19 · 3

a	b	c	d	e	f	g	h	i	j	k	l
8	12	4	6	1	10	11	3	2	7	5	9

CD 20 · 4
Przykład: 3 + cztery = 7
a) 6 + 5 = jedenaście f) 12 – 10 = 2
b) dwa + 8 = 10 g) osiem – 7 = 1
c) 4 + 4 = 8 h) jedenaście – 5 = 6
d) 4 + trzy = 7 i) 12 – 2 = 10
e) 9 + jeden = 10 j) 6 – 6 = zero

CD 21 · 6
jedenaście
dwanaście
trzynaście
czternaście
piętnaście
szesnaście
siedemnaście
osiemnaście
dziewiętnaście

CD 22 **7**
a) dziesięć
b) dwadzieścia
c) trzydzieści
d) czterdzieści
e) pięćdziesiąt
f) sześćdziesiąt
g) siedemdziesiąt
h) osiemdziesiąt
i) dziewięćdziesiąt
j) sto

CD 23 **8**
Przykłady: 51
           6
a) 12
b) 48
c) 64
d) 132
e) 75
f) 12
g) 9
h) 42
i) 14
j) 37

CD 24 **9**
1 – 4 – 12 – 23 – 36 – 47 – 9 – 53 – 74 – 137 – 85 – 103 – 108 – 132 – 162 –172 – 181 – 183 – 192 – 199

MODUŁ 6

CD 25 **1**
Monety
a) jeden grosz
b) dwa grosze
c) pięć groszy
d) dziesięć groszy
e) dwadzieścia groszy
f) pięćdziesiąt groszy
g) jeden złoty
h) dwa złote
i) pięć złotych

Banknoty
a) dziesięć złotych
b) dwadzieścia złotych
c) pięćdziesiąt złotych
d) sto złotych
e) dwieście złotych

CD 26 **3b**
a) sto złotych
b) dwieście złotych
c) trzysta złotych
d) czterysta złotych
e) pięćset złotych
f) sześćset złotych
g) siedemset złotych
h) osiemset złotych
i) dziewięćset złotych
j) tysiąc złotych

CD 27 **4a**
a)
Turysta – Dzień dobry!
Kasjer – Dzień dobry!
Turysta – Chcę wymienić euro.
Kasjer – Ile?
Turysta – 100 euro.
Kasjer – 401 złotych, proszę.
Turysta – Dziękuję.

b)
Turysta – Dzień dobry!
Kasjer – Dzień dobry!
Turysta – Jaki jest aktualny kurs euro?
Kasjer – Kupno 4 (złote), 04 (grosze), sprzedaż 4 (złote), 12 (groszy).
Turysta – Dobrze. Chcę wymienić 200 euro.
Kasjer – Bardzo proszę. 808 złotych. To jest paragon.
Turysta – Dziękuję. Do widzenia!

CD 28 **4b**
a)
Turysta –
Kasjer – Dzień dobry!
Turysta –
Kasjer – Ile?
Turysta –
Kasjer – 401 złotych, proszę.
Turysta –
b)
Turysta –
Kasjer – Dzień dobry!
Turysta –
Kasjer – Kupno 4 (złote), 04 (grosze), sprzedaż 4 (złote), 12 (groszy).
Turysta –
Kasjer – Bardzo proszę. 808 złotych. To jest paragon.
Turysta –

CD 29 **5**
Podajemy aktualne kursy walut:
euro – kupno 4,04, sprzedaż 4,12
dolar – kupno 2,90, sprzedaż 2,96
frank – kupno 2,99, sprzedaż 3,05
funt – kupno 4,34, sprzedaż 4,43
korona – kupno 0,50, sprzedaż 0,51

CD 30 **6**
a)
Turysta – Chcę wymienić dolary.
Kasjer – Ile?
Turysta – 200.
Kasjer – 580 złotych, proszę.
Turysta – Dziękuję.

b)
Turysta – Chcę wymienić funty.
Kasjer – Ile?
Turysta – 50.
Kasjer – 217 złotych, proszę.
Turysta – Dziękuję.

c)
Turysta – Chcę wymienić korony.
Kasjer – Ile?
Turysta – 1000.
Kasjer – 500 złotych, proszę.
Turysta – Dziękuję.

MODUŁ 7

CD 31 **2**
a) sy – osy – rosy – erosy – pierosy – papierosy
b) ka – ówka – tówka – cztówka – pocztówka
c) ki – czki – eczki – teczki – steczki – chusteczki
d) ek – czek – aczek – znaczek
e) ka – czka – niczka – alniczka – zapalniczka
f) is – pis – opis – gopis – długopis
g) ta – erta – perta – koperta
h) ta – eta – zeta – gazeta
i) alny – malny – normalny – let normalny – bilet normalny

j) wy – owy – gowy – ulgowy – bilet ulgowy
k) na – iczna – foniczna – telefoniczna – ta telefoniczna – karta telefoniczna
l) cia – ucia – żucia – do żucia – guma do żucia

CD 32 — 3b
Przykład: Pocztówka kosztuje 1,20 zł.
a) Znaczek kosztuje 1,55 zł.
b) Bilet ulgowy kosztuje 1,25 zł.
c) Zapalniczka kosztuje 4 zł.
d) Pocztówki kosztują 2,40 zł.
e) Znaczki kosztują 3,10 zł.
f) Bilety normalne kosztują 5 zł.
g) Chusteczki kosztują 1 zł.
h) Papierosy kosztują 9 zł.

CD 33 — 4
Przykład:
 – Przepraszam, ile kosztują chusteczki?
 – 1 zł.
a) – Przepraszam, ile kosztuje gazeta *Film*?
 – 9,90 zł.
b) – Przepraszam, ile kosztuje bilet ulgowy?
 – 1,25 zł.
c) – Przepraszam, ile kosztują papierosy *Pall Mall*?
 – 10 zł.
d) – Przepraszam, ile kosztują dwa znaczki?
 – 5 zł.
e) – Przepraszam, ile kosztuje długopis?
 – 1 zł.

CD 34 — 5
a)
Klient – Dzień dobry! Poproszę papierosy *Marlboro*. Ile kosztują?
Sprzedawca – 9 złotych.
Klient – Dobrze. Proszę.
Sprzedawca – Coś jeszcze?
Klient – Nie, dziękuję. To wszystko.

b)
Klient – Dzień dobry! Poproszę bilet.
Sprzedawca – Normalny czy ulgowy?
Klient – Normalny.
Sprzedawca – Coś jeszcze?
Klient – Czy jest mapa Krakowa?
Sprzedawca – Tak, jest.
Klient – Ile kosztuje?
Sprzedawca – 5 złotych.
Klient – Dobrze, proszę. Ile płacę?
Sprzedawca – 7,50. Proszę drobne.
Klient – Proszę.
Sprzedawca – Dziękuję.

CD 35 — 6
Przykład: Proszę zapalniczkę.
a) Proszę znaczek.
b) Proszę mapę.
c) Proszę chusteczki.
d) Proszę gazetę.
e) Proszę pocztówkę.
f) Proszę bilet ulgowy.

MODUŁ 8

CD 36 — 1
Kameralna atmosfera, długoletnia tradycja, widok na Wawel. Kawiarnia *Stare Miasto* zaprasza wszystkich klientów. W ofercie:

NAPOJE BEZALKOHOLOWE
a) kawa z mlekiem
b) espresso
c) herbata
d) czekolada
e) sok jabłkowy
f) sok pomarańczowy
g) sok bananowy
h) woda mineralna
 gazowana
 niegazowana

ALKOHOLE
a) piwo
piwo małe
piwo duże
piwo z sokiem

b) wino
kieliszek wina
butelka wina

c) szampan

CD 37 — 5
a)
Kelner – Dzień dobry!
Anna – Dzień dobry!
Kelner – Proszę, tu jest karta.
Anna – Proszę sok jabłkowy.
Barbara – Dla mnie woda mineralna niegazowana, z lodem.
Kelner – Coś jeszcze?
Anna – Nie, dziękuję.

b)
Kelner – Dzień dobry!
Adam – Proszę piwo. Ile kosztuje duże?
Kelner – 8 złotych.
Adam – A małe?
Kelner – 5 złotych.
Adam – Proszę duże.
Ewa – Dla mnie kawa z mlekiem.
Kelner – Coś jeszcze?
Adam – To wszystko. Dziękuję.
……
Adam – Proszę rachunek.
Kelner – Proszę.

MODUŁ 9

CD 38 — 1a
a) żurek
b) zupa pomidorowa
c) barszcz
d) bigos
e) naleśniki
f) pierogi
g) makaron
h) pizza
i) kotlet schabowy z sałatką i frytkami
j) kurczak z sałatką i ziemniakami
k) ryba z sałatką i ryżem

CD 39 — 1b
Kelner – Dzień dobry! Co dla Państwa?
Marysia – Dla mnie naleśniki.
Kelner – Naleśniki…
Gosia – Ja proszę barszcz.
Kelner – Barszcz…
Igor – Żurek!
Kelner – Żurek… Bardzo dobrze… Co dla pani?
Agata – Proszę makaron.
Kelner – Makaron…

Jarek – Ja… ja… Hmmmm… ja proszę… pierogi.
Kelner – Pierogi?
Jarek – Tak, proszę pierogi.
Kelner – A co dla pana?
Mariusz – Bigos! Proszę!

CD 40 · 2a
Kelner – Dzień dobry! Proszę, to jest karta.
Adam – Dziękuję! Co pan poleca?
Kelner – Proponuję kotlet schabowy z sałatką i ziemniakami.
Adam – Dobrze. Proszę.
Anna – Dla mnie tylko naleśniki.
Kelner – Coś do picia?
Anna – Proszę sok bananowy.
Adam – Dla mnie małe piwo.
Kelner – Coś jeszcze?
Adam – Dziękujemy. To wszystko.
……
Kelner – Dla pani naleśniki, dla pana kotlet. Smacznego!
Adam – Dziękujemy! Czy mogę prosić sól i pieprz?
Kelner – Oczywiście. Bardzo proszę.
Adam – Przepraszam, czy tu wolno palić?
Kelner – Nie. To jest sala dla niepalących.
……
Adam – Proszę rachunek.
Kelner – Bardzo proszę.
Adam – Reszta dla pana.

CD 41 · 2b
Kelner – Dzień dobry! Proszę, to jest karta.
Adam –
Kelner – Proponuję kotlet schabowy z sałatką i ziemniakami.
Adam –
Anna – Dla mnie tylko naleśniki.
Kelner – Coś do picia?
Anna – Proszę sok bananowy.
Adam –
Kelner – Coś jeszcze?
Adam –
……
Kelner – Dla pani naleśniki, dla pana kotlet. Smacznego!
Adam –
Kelner – Oczywiście. Bardzo proszę.
Adam –
Kelner – Nie. To jest sala dla niepalących.
……
Adam –
Kelner – Bardzo proszę.
Adam –

CD 42 · 5
a) pieprz
b) sól
c) łyżeczka
d) szklanka
e) popielniczka
f) talerz
g) serwetka
h) widelec
i) nóż
j) łyżka

CD 43 · 6
Przykład: Marysia – Czy mogę prosić pieprz?
a) Gosia – Przepraszam! Czy mogę prosić o łyżeczkę?
b) Igor – Szklankę!… Proszę szklankę!
c) Agata – Czy mogę prosić popielniczkę?
d) Jarek – Bardzo przepraszam!… Proszę sól.
e) Mariusz – Przepraszam, proszę o serwetkę.

MODUŁ 10

CD 44 · 1b
a) restauracja
b) kino
c) sklep
d) rynek
e) muzeum
f) poczta
g) szpital
h) toaleta
i) kantor
j) hotel
k) dworzec kolejowy
l) dworzec autobusowy
ł) lotnisko
m) metro
n) postój taksówek
o) przystanek

CD 45 · 1c
1 – dworzec
2 – poczta
3 – szpital
4 – toaleta
5 – sklep
6 – lotnisko
7 – kino
8 – postój taksówek
9 – kantor
10 – przystanek

CD 46 · 2
a) Proszę iść prosto.
b) Proszę skręcić w lewo.
c) Proszę skręcić w prawo.
d) Proszę zawrócić.
e) Proszę przejść przez ulicę.

CD 47 · 3
a)
Turysta – Przepraszam! Gdzie jest *Hotel Europejski*?
Pan Kowalski – *Europejski*? Ooooo… Hotel jest bardzo blisko. Proszę iść prosto, a potem skręcić w prawo.
Turysta – Dziękuję.

b)
Turysta – Przepraszam! Gdzie jest centrum?
Pani Nowak – Proszę przejść przez ulicę, skręcić w lewo, skręcić w prawo i jeszcze raz skręcić w prawo.
Turysta – Dziękuję.

c)
Turysta – Przepraszam! Gdzie jest dworzec kolejowy?
Pani Piotrkowska – Dworzec kolejowy jest daleko.
Turysta – Czy jedzie tam tramwaj?
Pani Piotrkowska – Hmmm… Tak.
Turysta – Który numer?
Pani Piotrkowska – 4.
Turysta – A autobus?
Pani Piotrkowska – Nie, tylko tramwaj…, ale najlepiej pojechać tam taksówką. Tutaj jest postój taksówek.
Turysta – Dziękuję.

d)
Turysta – Przepraszam, gdzie jest kino *IMAX*?
Pan Wróbel – Nie wiem dokładnie, ale proszę iść w tym kierunku.
Turysta – Dziękuję.

CD 48 | 6

Najlepsza muzyka, gorąca atmosfera, znani didżeje z całej Europy! Zapraszamy do najlepszych klubów w Krakowie!

PAUZA
ulica Floriańska 18

PROZAK
plac Dominikański 6

KLUB STUDENCKI ŻACZEK
aleja 3 Maja 5

KLUB KOMBINATOR
osiedle Szkolne 25

DRUKARNIA
ulica Nadwiślańska 1

Czekamy właśnie na ciebie!

CD 49 | 7

Przykład: Turysta – Przepraszam, gdzie jest STARY TEATR?
Informacja – Ulica Jagiellońska 5.
a)
Turysta – Przepraszam, gdzie jest MUZEUM MANGGHA?
Informacja – Ulica Konopnickiej 26.
b)
Turysta – Przepraszam, czy INSTYTUT FRANCUSKI jest w centrum?
Informacja – Tak. Ulica Stolarska 15.
c)
Turysta – Przepraszam, gdzie jest FABRYKA SCHINDLERA?
Informacja – Ulica Lipowa 4.
d)
Turysta – Przepraszam, jaki jest numer telefonu do CENTRUM KULTURY?
Informacja – Moment. 0 12 42 42 8 11.

MODUŁ 11

CD 50 | 1a

a) biały
b) żółty
c) czerwony
d) zielony
e) niebieski
f) srebrny
g) czarny

CD 51 | 2a

Taxi Lajkonik – Dzień dobry! *Taxi Lajkonik*, słucham?
Anna – Dzień dobry! Chcę zamówić taksówkę.
TL – Na jaki adres?
Anna – Ulica Karmelicka 10. *Hotel Polonicus*.
TL – Dobrze. Niebieski ford. Proszę czekać 10 minut.
Anna – Przepraszam, proszę powtórzyć.
TL – Proszę czekać 10 minut. Będzie niebieski ford.
Anna – Dziękuję. Do widzenia!
……
Taksówkarz – Dzień dobry! Dokąd jedziemy?
Anna – Dzień dobry! Dworzec autobusowy, proszę.
……
Taksówkarz – Jesteśmy na miejscu.
Anna – Ile płacę?
Taksówkarz – 25 złotych.
Anna – Proszę i dziękuję.

CD 52 | 2b

Taxi Lajkonik – Dzień dobry! *Taxi Lajkonik*, słucham?
Anna –
TL – Na jaki adres?
Anna –
TL – Dobrze. Niebieski ford. Proszę czekać 10 minut.
Anna –
TL – Proszę czekać 10 minut. Będzie niebieski ford.
Anna –
……
Taksówkarz – Dzień dobry! Dokąd jedziemy?
Anna –
……
Taksówkarz – Jesteśmy na miejscu.
Anna –
Taksówkarz – 25 złotych.
Anna –

CD 53 | 4

TK – Dzień dobry! *Taxi Kraków*, słucham?
Aneta – Dzień dobry! Chcę zamówić taksówkę.
TK – Na jaki adres?
Aneta – Ulica Mała 18. *Hotel Kopernik*.
TK – Dobrze. Proszę czekać 15 minut. Będzie zielony opel.
Aneta – Dziękuję. Do widzenia!
……
Taksówkarz – Dzień dobry! Dokąd jedziemy?
Aneta – Dzień dobry! Lotnisko, proszę.
……
Taksówkarz – Jesteśmy na miejscu.
Aneta – Ile płacę?
Taksówkarz – 35 złotych.
Aneta – Proszę i dziękuję.

MODUŁ 12

CD 54 | 1

a) odjazd
b) do stacji
c) przez
d) peron
e) pociąg Regio
f) pociąg InterRegio
g) pociąg TLK
h) pociąg Express
i) pociąg Express InterCity
j) pociąg EuroCity

CD 55 | 2

Przykład: Pociąg do stacji Katowice odjeżdża z peronu trzeciego.
a) Pociąg do stacji Warszawa odjeżdża z peronu piątego.
b) Pociąg do stacji Berlin odjeżdża z peronu pierwszego.
c) Pociąg do stacji Rzeszów odjeżdża z peronu pierwszego.
d) Pociąg do stacji Wieliczka odjeżdża z peronu drugiego.
e) Pociąg do stacji Przemyśl odjeżdża z peronu czwartego.

CD 56 **3**
– o pierwszej
– o drugiej
– o trzeciej
– o czwartej
– o piątej
– o szóstej
– o siódmej
– o ósmej
– o dziewiątej
– o dziesiątej
– o jedenastej
– o dwunastej
– o trzynastej
– o czternastej
– o piętnastej
– o szesnastej
– o siedemnastej
– o osiemnastej
– o dziewiętnastej
– o dwudziestej
– o dwudziestej pierwszej
– o dwudziestej drugiej
– o dwudziestej trzeciej
– o dwudziestej czwartej

CD 57 **4**
Przykład: Pociąg z Krakowa do Warszawy odjeżdża o ósmej.
1. Pociąg z Krakowa do Zakopanego odjeżdża o piętnastej dziesięć.
2. Pociąg z Krakowa do Gdyni odjeżdża o szóstej trzynaście.
3. Pociąg z Krakowa do Poznania odjeżdża o czwartej pięć.
4. Pociąg z Krakowa do Berlina odjeżdża o dwudziestej drugiej.
5. Pociąg z Krakowa do Wrocławia odjeżdża o pierwszej dwadzieścia.

CD 58 **5**
Przykład: Pociąg do Szczecina odjeżdża o 17:10.
a) Pociąg do Moskwy odjeżdża o 16:10.
b) Pociąg do Łodzi odjeżdża o 8:30.
c) Pociąg do Malborka odjeżdża o 22:05.
d) Pociąg do Sanoka odjeżdża o 17:40.
e) Pociąg do Hamburga odjeżdża o 20:15.
f) Pociąg do Opola odjeżdża o 11:06.
g) Pociąg do Pragi odjeżdża o 5:20.

CD 59 **6**
a) o siedemnastej czterdzieści siedem
b) o czternastej piętnaście
c) o szóstej
d) o dwunastej trzydzieści
e) o dwudziestej drugiej pięćdziesiąt pięć
f) o dwudziestej

CD 60 **7**
Uwaga, uwaga podróżni! Uprzejmie informujemy, że:
– Pociąg z Warszawy do Gdyni jest opóźniony o 10 minut.
– Pociąg z Zakopanego do Krakowa jest opóźniony o 15 minut.
– Pociąg z Wrocławia do Poznania jest opóźniony o 6 minut.
– Pociąg z Wiednia do Katowic jest opóźniony o 30 minut.
– Pociąg z Zielonej Góry do Szczecina jest opóźniony o 20 minut.
Jednocześnie informujemy, że opóźnienie może ulec zmianie.

CD 61 **8b**
a)
bilet normalny
bilet ulgowy
b)
pierwsza klasa
druga klasa
c)
wagon dla palących
wagon dla niepalących
d)
miejsce przy oknie
miejsce na środku
miejsce przy korytarzu
e)
miejscówka
numer wagonu
numer miejsca

CD 62 **9**
Turysta – Dzień dobry. Proszę jeden bilet na pociąg do Warszawy. O osiemnastej.
Kasjer – Bilet normalny czy ulgowy?
Turysta – Normalny, dla niepalących. Czy jest wolne miejsce przy oknie?
Kasjer – Moment. Już sprawdzam. Niestety nie. Mam tylko miejsce na środku.
Turysta – To proszę.
Kasjer – 95 złotych.
Turysta – Czy mogę zapłacić kartą?
Kasjer – W tej kasie tylko gotówką.
Turysta – Rozumiem. Proszę.

MODUŁ 13

CD 63 **1a**
a) małpa
b) kropka
c) ukośnik
d) myślnik
e) podkreślenie

CD 64 **1b**
Przykład: (www.europejski.pl) wu-wu-wu-kropka-e-u-er-o-pe-e-jot-es-ka-i-kropka-pe-el
a) (www.hotel-polonia.com.pl) wu-wu-wu-kropka-ha-o-te-e-el-myślnik-pe-o-el-o-en-i-a-kropka-ce-o-em-kropka-pe-el
b) (recepcja@hoteljan.com) er-e-ce-e-pe-ce-jot-a-małpa-ha-o-te-e-el-jot-a-en-kropka-ce-o-em
c) (www.marriott.com) wu-wu-wu-kropka-em-a-er-er-i-o-te-te-kropka-ce-o-em
d) (www.hotelorient.pl) wu-wu-wu-kropka-ha-o-te-e-el-o-er-i-e-en-te-kropka-pe-el
e) (krakow@sheraton.com) ka-er-a-ka-o-wu-małpa-es-ha-e-er-a-te-o-en-kropka-ce-o-em

CD 65 **2a**
a) pokój jednoosobowy
b) pokój dwuosobowy
c) pokój trzyosobowy
d) apartament
e) pokój z łazienką
f) pokój z balkonem
g) pokój ze śniadaniem
h) pokój z Internetem
i) pokój bez łazienki
j) pokój bez balkonu
k) pokój bez śniadania
l) pokój bez Internetu

CD 66 **3a**

Recepcjonistka – *Hotel Varsovia,* słucham!
Marcin – Dzień dobry! Mówi Marcin Radust. Czy są jeszcze wolne pokoje w ten weekend?
Recepcjonistka – Tak, są.
Marcin – Świetnie! Chcę zarezerwować pokój dwuosobowy. Ile kosztuje?
Recepcjonistka – 150 złotych. Pokój jest z łazienką, ze śniadaniem, bez balkonu.
Marcin – Dobrze, proszę.
Recepcjonistka – Na ile dni chce pan zarezerwować pokój?
Marcin – Tylko na dwa.
Recepcjonistka – Kiedy przyjazd?
Marcin – Przyjazd w sobotę, wyjazd w niedzielę.
Recepcjonistka – Rozumiem. Jak się pan nazywa?
Marcin – Marcin Radust.
Recepcjonistka – Przepraszam, źle słyszę. Imię?
Marcin – Marcin.
Recepcjonistka – Nazwisko?
Marcin – Radust. er – a – de – u – es – te
Recepcjonistka – Jaki ma pan numer telefonu?
Marcin – 607 234 580.
Recepcjonistka – E-mail?
Marcin – marcin.radust@op.pl
Recepcjonistka – Dziękuję. Zapraszamy!

CD 67 **3b**

Recepcjonistka – *Hotel Varsovia,* słucham!
Marcin –
Recepcjonistka – Tak, są.
Marcin –
Recepcjonistka – 150 złotych. Pokój jest z łazienką, ze śniadaniem, bez balkonu.
Marcin –
Recepcjonistka – Na ile dni chce pan zarezerwować pokój?
Marcin –
Recepcjonistka – Kiedy przyjazd?
Marcin –
Recepcjonistka – Rozumiem. Jak się pan nazywa?
Marcin –
Recepcjonistka – Przepraszam, źle słyszę. Imię?
Marcin –
Recepcjonistka – Nazwisko?
Marcin –
Recepcjonistka – Jaki ma pan numer telefonu?
Marcin –
Recepcjonistka – E-mail?
Marcin –
Recepcjonistka – Dziękuję. Zapraszamy!

CD 68 **6a**

a) telewizor nie działa
b) pilot nie działa
c) klimatyzacja nie działa
d) ogrzewanie nie działa
e) lampa nie działa
f) lampka nocna nie działa
g) czajnik nie działa
h) toaleta nie działa
i) prysznic nie działa
j) kran nie działa
k) suszarka nie działa

MODUŁ 14

CD 69 **1**

a) Zgubiłem paszport!
b) Zgubiłam portfel!
c) Zgubiłem kluczyki do samochodu!
d) Zgubiłem plecak!
e) Zgubiłem walizkę!
f) Zgubiłam kamerę!
g) Skradziono mi aparat fotograficzny!
h) Skradziono mi telefon!
i) Skradziono mi kartę kredytową!

CD 70 **2a**

W dzisiejszej sondzie ulicznej zapytaliśmy turystów, z jakimi przykrymi niespodziankami spotkali się za granicą.

– Jestem Tristan. Zgubiłem telefon w restauracji!
– Nazywam się Shaun O'Neil. Zgubiłem paszport w sklepie!
– Eriko z Japonii. Ja… zgubiłam walizkę na dworcu!
– Jestem Duncan. Skradziono mi plecak.
– Gdzie?
– Na lotnisku.
– Phil z Irlandii. Zgubiłem kamerę w metrze!
– Nazywam się Helga Ebenharter. Skradziono mi niestety kartę kredytową na ulicy!
– A państwo? Jaki państwo mają problem?
– Jestem Martin. Skradziono mi portfel w tramwaju!
– A ja… Zgubiłam aparat fotograficzny w klubie!

CD 71 **3c**

a) imię / imiona / imiona rodziców
b) nazwisko
c) adres zameldowania
d) płeć / kobieta / mężczyzna
e) data urodzenia / miejsce urodzenia
f) wzrost
g) kolor oczu
h) niebieski / zielony / czarny / brązowy / piwny / szary

CD 72 **3d**

Przykład: imiona
a) imię
b) miejsce urodzenia
c) wzrost
d) kobieta
e) piwny
f) brązowy

CD 73 **4a**

Pan Grass – Dzień dobry! Czy może mi pan pomóc?
Pracownik banku – Dzień dobry! Oczywiście. Jaki jest problem?
Pan Grass – Jestem turystą. Zgubiłem kartę kredytową.
Pracownik banku – Rozumiem. Chce pan zablokować kartę?
Pan Grass – Tak. Bardzo proszę.
Pracownik banku – Dobrze. Proszę o kilka informacji. Imię?
Pan Grass – Gustaw.
Pracownik banku – Nazwisko?
Pan Grass – Grass.
Pracownik banku – Imiona rodziców?
Pan Grass – Helmut i Claudia.

Pracownik banku – Adres zameldowania?
Pan Grass – Berlin, Kochstraße 46.
Pracownik banku – Koch… Przepraszam, proszę przeliterować.
Pan Grass – Ka – o – ce – ha – es – te – er – a – es – es – e.
Pracownik banku – Dziękuję. Data urodzenia?
Pan Grass – Przepraszam, nie rozumiem, mówię tylko trochę po polsku.
Pracownik banku – Data urodzenia. Proszę tutaj napisać.
Pan Grass – Oo, rozumiem.

CD 74 4b
Pan Grass –
Pracownik banku – Dzień dobry! Oczywiście. Jaki jest problem?
Pan Grass –
Pracownik banku – Rozumiem. Chce pan zablokować kartę?
Pan Grass –
Pracownik banku – Dobrze. Proszę o kilka informacji. Imię?
Pan Grass –
Pracownik banku – Nazwisko?
Pan Grass –
Pracownik banku – Imiona rodziców?
Pan Grass –
Pracownik banku – Adres zameldowania?
Pan Grass –
Pracownik banku – Koch… Przepraszam, proszę przeliterować.
Pan Grass –
Pracownik banku – Dziękuję. Data urodzenia?
Pan Grass –
Pracownik banku – Data urodzenia. Proszę tutaj napisać.
Pan Grass –

MODUŁ 15

CD 75 1
a) głowa
b) oko
c) ucho
d) ząb
e) gardło
f) brzuch
g) ręka
h) noga
i) serce

CD 76 3
a) Boli mnie oko.
b) Boli mnie ząb.
c) Boli mnie gardło.
d) Boli mnie noga.
e) Boli mnie ucho.
f) Boli mnie serce.
g) Boli mnie brzuch.
h) Boli mnie głowa.
i) Boli mnie ręka.
j) Mam gorączkę.
k) Mam katar.
l) Mam kaszel.
ł) Mam alergię.

CD 77 5
a) termometr
b) bandaż
c) plastry
d) recepta
e) krople
f) syrop
g) maść
h) tabletki przeciwbólowe
i) antybiotyk

CD 78 6
a)
Karolina – Dzień dobry! Proszę syrop na kaszel.
Farmaceuta – Coś jeszcze?
Karolina – Boli mnie też trochę brzuch.
Farmaceuta – Jak długo?
Karolina – Kilka dni.
Farmaceuta – Proszę, to są bardzo dobre tabletki przeciwbólowe.
Karolina – Dziękuję.
b)
Jan – Proszę *Anginex* na gardło.
Farmaceuta – To jest antybiotyk. Czy ma pan receptę?
Jan – Nie, nie mam.
Farmaceuta – Niestety, nie mogę sprzedać tego lekarstwa bez recepty.
Jan – Rozumiem. Dziękuję.
c)
Danuta – Dzień dobry! Bardzo boli mnie serce.
Farmaceuta – Proszę, to są krople. Jeśli to nie pomoże, proszę iść do lekarza.
Danuta – Dobrze. Dziękuję.

CD 79 7
a)
Klient – Dzień dobry! Poproszę termometr.
Farmaceuta – Coś jeszcze?
Klient – Tak. Boli mnie trochę gardło.
Farmaceuta – Jak długo?
Klient – Kilka dni.
Farmaceuta – Proszę, to jest dobry syrop eukaliptusowy. Kosztuje 12 złotych.
Klient – Dobrze. Proszę.

b)
Klientka – Dzień dobry! Bardzo boli mnie ząb.
Farmaceuta – Proszę, to są tabletki przeciwbólowe. Jeśli to nie pomoże, proszę iść do dentysty.
Klientka – Dobrze. Dziękuję.

MODUŁ 16

CD 80 1a
a) stadion
b) teatr
c) opera
d) muzeum
e) klub muzyczny
f) kino

CD 81 1b
1)
Turysta – Proszę bilet na mecz piłki nożnej Polska – Ukraina.
Kasjer – Czy ma pan kartę kibica?
Turysta – Nie mam.
Kasjer – Który sektor? Polska czy Ukraina?
Turysta – Polska.
Kasjer – Bardzo proszę, sektor B.
Turysta – Dziękuję.
2)
Turysta – Poproszę bilet na wystawę *World Press Photo*.
Kasjer – Proszę. Tu jest katalog.

3)
Turysta – Proszę bilet na spektakl *Makbet*.
Kasjer – Jakie miejsce? Balkon czy parter?
Turysta – Balkon, proszę.
4)
Turysta – Proszę dwa bilety na film *Mamma Mia!*
Kasjer – Normalne czy ulgowe?
Turysta – Normalne, proszę.
Kasjer – O 17:00 czy o 20:00?
Turysta – O 20:00. Mam pytanie. Czy to jest film z dubbingiem?
Kasjer – Nie, to jest wersja oryginalna i ma polskie napisy.
Turysta – Rozumiem, bardzo dobrze!
5)
Turysta – Proszę bilet na operę *Don Juan*.
Kasjer – Czy ma pan rezerwację?
Turysta – Tak, na nazwisko Kowalski.
Kasjer – Proszę, rząd 8 (ósmy), miejsce 7 (siódme).
6)
Turysta – Proszę bilet na dzisiaj na koncert *Old Metropolitan Band*.
Kasjer – Niestety, ten koncert jest odwołany. Klub jest dzisiaj nieczynny. Zapraszamy w weekend.

MODUŁ 17

1

drużyna
a) piłkarz
b) bramkarz
c) trener
d) kapitan

strój piłkarza
a) piłka
b) koszulka
c) buty
d) getry
e) spodenki

mecz
a) pierwsza połowa
b) przerwa
c) druga połowa
d) sędzia
e) żółta kartka
f) czerwona kartka
g) faul
h) rzut karny
i) bramka
j) gol / bramka
k) bramka samobójcza
l) wygrać mecz
ł) przegrać mecz
m) zremisować mecz / remis
n) kibice
o) szalik klubowy

ODPOWIEDZI ANSWERS

Moduł 1

1
Przykład: banan
a) hotel
b) perfumy
c) telefon
d) komputer
e) mapa
f) dyskoteka
g) restauracja
h) muzeum
i) radio
j) solarium
k) park

3
Przykłady:
te-le-fon
mu-ze-um
kom-pu-ter
a) ra-dio
b) per-fu-my
c) ho-tel
d) dy-sko-te-ka
e) ma-pa
f) ba-nan

Moduł 2

2
1. **h**otel – [ha]
2. akariu**m** – [em]
3. skute**r** – [er]
4. hambur**g**er – [gie]
5. pu**z**zle – [zet]
6. Krak**ó**w – [o z kreską]
7. Gda**ń**sk – [eń]
8. Euro**p**a – [pe]
9. **N**owy **J**ork – [en], [jot]
10. pi**ż**ama – [żet]
11. polit**y**k – [igrek]
12. Bu**ł**garia – [eł]
13. Ada**ś** Kowa**l**ski – [eś], [el]

3
1. Gdynia – [gie-de-igrek-en-i-a]
2. Olsztyn – [o-el-es-zet-te-igrek-en]
3. Warszawa – [wu-a-er-es-zet-a-wu-a]
4. Wrocław – [wu-er-o-ce-eł-a-wu]
5. Częstochowa – [ce-zet-ę-es-te-o-ce-ha-o-wu-a]
6. Kraków – [ka-er-a-ka-o z kreską-wu]
7. Zakopane – [zet-a-ka-o-pe-a-en-e]

4
Przykład: S-z-c-z-e-c-i-n
1. K-a-t-o-w-i-c-e
2. B-y-d-g-o-s-z-c-z
3. K-r-a-k-ó-w
4. W-r-o-c-ł-a-w
5. G-d-a-ń-s-k

Moduł 3

2b
Przykład: koń
a) że
b) Lech
c) rzeka
d) dżudo
e) bardzo
f) środa
g) cztery
h) są
i) palić
j) poczta
k) łazienka
l) grosz

Moduł 4

3
Przykład: On nazywa się **Albert Einstein**.
a) Ona nazywa się **Mona Lisa**.
b) On nazywa się **Sylvester Stallone**.
c) Oni nazywają się **Katie Holmes i Tom Cruise.**
d) Ona nazywa się **Marilyn Monroe.**
e) Oni nazywają się **Michelle** i **Barack Obama.**
f) On nazywa się **Lech Wałęsa**.

4
a)
– Dzień dobry!
– Dzień **dobry**!
– **Jak** się pan nazywa?
– **Nazywam się** Patryk Nowak. A pan?
– **Adam** Kowalski.
– **Miło** mi!
b)
– Cześć! **Jestem** Filip.
– **Hej**! Jestem Karolina.

7
Przykład: Dzień dobry!
a) Do widzenia!
b) Proszę!
c) Przepraszam!
d) Cześć!

Zadanie domowe

1
a) dobry
b) wieczór
c) widzenia
d) rozumiem
e) powtórzyć
f) przepraszam
g) mi

2
a) 4, b) 6, c) 2, d) 3, e) 5, f) 1

Moduł 5

3

a	b	c	d	e	f	g	h	i	j	k	l
8	12	4	6	1	10	11	3	2	7	5	9

4
Przykład: 3 + cztery = **7**
a) **6** + 5 = jedenaście
b) dwa + **8** = 10
c) **4** + **4** = 8
d) 4 + trzy = **7**
e) **9** + jeden = **10**
f) **12** – 10 = **2**
g) osiem – 7 = **1**
h) jedenaście – **5** = **6**
i) **12** – 2 = **10**
j) **6** – **6** = zero

5
10 – dziesięć, 11 – jedenaście, 12 – dwanaście,
13 – trzynaście, 14 – czternaście, 15 – piętnaście,
16 – szesnaście, 17 – siedemnaście,

18 – osiemnaście, 19 – dziewiętnaście

7
a. **dzie**sięć
b. **dwa**dzieścia
c. **trzy**dzieści
d. **czter**dzieści
e. **pięć**dziesiąt
f. **sześć**dziesiąt
g. **siedem**dziesiąt
h. **osiem**dziesiąt
i. **dziewięć**dziesiąt
j. **st**o

8
Przykłady:

	dobrze	źle	
51	X		
16		X	6
a) 12	X		
b) 48	X		
c) 84		X	64
d) 132	X		
e) 75	X		
f) 20		X	12
g) 9	X		
h) 22		X	42
i) 13		X	14
j) 147		X	37

9
1 – 4 – 12 – 23 – 36 – 47 – 9 – 53 – 74 – 137 – 85 – 103 – 108 – 132 – 162 – 172 – 181 – 183 – 192 – 199

Zadanie domowe
1
a) jedenaście
b) siedem
c) osiem
d) dziesięć
e) trzy
f) pięć

2
a) dwa**naście**
b) trzy**dzieści**
c) siedem**dziesiąt**
d) dziewięć**dziesiąt**
e) czter**naście**
f) czter**dzieści**
g) pięć**dziesiąt**
h) osiem**naście**
i) dwa**dzieścia**
j) jede**naście**

3
33, 14, 89, 4, 100, 51, 17, 44, 26, 97

Moduł 6
2
Przykład: b
1. a, 2. a, 3. c, 4. b, 5. c

3a
a) **sto** złotych
b) **dwieście** złotych
c) **trzysta** złotych
d) **czterysta** złotych
e) **pięćset** złotych
f) **sześćset** złotych
g) **siedemset** złotych
h) **osiemset** złotych
i) **dziewięćset** złotych
j) **tysiąc** złotych

5
Przykład: 1 euro – kupno 4,0**4**, sprzedaż 4,**12**
1 dolar – kupno **2**,90, sprzedaż 2,96
1 frank – kupno 2,99, sprzedaż **3**,05
1 funt – kupno 4,**34**, sprzedaż 4,43
1 korona – kupno 0,50, sprzedaż 0,5**1**

6
a)
Turysta – Chcę wymienić **dolary**.
Kasjer – Ile?
Turysta – **200**.
Kasjer – **580** złotych, proszę.
Turysta – Dziękuję.
b)
Turysta – Chcę wymienić **funty**.
Kasjer – Ile?
Turysta – **50**.
Kasjer – **217** złotych, proszę.
Turysta – Dziękuję.
c)
Turysta – Chcę wymienić **korony**.
Kasjer – Ile?
Turysta – 1000.
Kasjer – **500** złotych, proszę.
Turysta – Dziękuję.

7
Turysta – Dzień dobry! Chcę wymienić korony.
Kasjer – Ile?
Turysta – 100.
Kasjer – 50 złotych, proszę. Do widzenia!

Zadanie domowe
1
a) funt
b) korona
c) euro
d) frank
e) dolar

2
a) wymienić / Ile / 100 / złotych / Dziękuję
b) kurs / sprzedaż / Chcę / 808 / paragon

3
a) dwieście
b) trzydzieści
c) czterysta
d) pięć
e) sześćdziesiąt
f) siedemset
g) osiemset
h) dziewięć
i) tysiąc

Moduł 7
1
Przykład: ka**rta** te**lef**oniczna
a) m**ap**a
b) p**apie**r**osy**
c) **po**cztówka
d) ch**ust**eczki higieniczne
e) **za**pa**l**nicz**ka**
f) zna**cze**k
g) **b**ilet
h) guma **do** żucia

i) dł**ugo**pis
j) kop**er**ta
k) **g**azet**a**

3b
Przykład: Pocztówka kosztuje **1,20 zł**.
a) Znaczek kosztuje **1,55 zł**.
b) Bilet ulgowy kosztuje **1,25 zł**.
c) Zapalniczka kosztuje **4 zł**.
d) Pocztówki kosztują **2,40 zł**.
e) Znaczki kosztują **3,10 zł**.
f) Bilety normalne kosztują **5 zł**.
g) Chusteczki kosztują **1 zł**.
h) Papierosy kosztują **9 zł**.

4
Przykład: Ile **kosztują** chusteczki?
a) Ile **kosztuje** gazeta *Film*?
b) Ile **kosztuje** bilet ulgowy?
c) Ile **kosztują** papierosy *Pall Mall*?
d) Ile **kosztują** dwa znaczki?
e) Ile **kosztuje** długopis?

6
Przykład: Proszę **zapalniczkę**.
a) Proszę **znaczek**.
b) Proszę **mapę**.
c) Proszę **chusteczki**.
d) Proszę **gazetę**.
e) Proszę **pocztówkę**.
f) Proszę **bilet ulgowy**.

7
Klient – Dzień dobry! Proszę **chusteczki**, **dwa bilety** i **trzy pocztówki**.
Sprzedawca – Coś jeszcze?
Klient – Czy są **znaczki**?
Sprzedawca – Nie ma.
Klient – Aha. Ile płacę?
Sprzedawca – **Dziewięć** złotych.
Klient – Proszę i dziękuję.

8
Klient – Dzień dobry! Proszę gazetę *Kino*. Ile kosztuje?
Sprzedawca – 7,50 zł. Coś jeszcze?
Klient – To wszystko. Dziękuję.

9
→ pocztówka, gazeta, papierosy, chusteczki, mapa, bilet, długopis
↓ koperta, znaczek, guma
← zapalniczka, karta

Zadanie domowe
1
a) Dzień / Poproszę / Ile / Dobrze / Coś / Nie / To
b) Poproszę / Normalny / Coś / Czy / Tak / Ile / Dobrze / Proszę / Dziękuję

2
a) trzy
b) osiem
c) dziesięć
d) trzynaście
e) cztery
f) sześć

Moduł 8
2
Przykład: sok bananowy kosztuje 4 złote

a) herbata kosztuje trzy złote
b) kieliszek wina kosztuje osiem złotych
c) małe piwo kosztuje sześć złotych
d) woda mineralna kosztuje cztery złote
e) szampan kosztuje dziesięć złotych
f) kawa z mlekiem kosztuje pięć złotych
g) czekolada kosztuje siedem złotych

3
a) **Czekolada** kosztuje 7 złotych.
b) **Kieliszek wina** kosztuje 8 złotych.
c) **Herbata** kosztuje 3 złote.
d) **Szampan** kosztuje 10 złotych.
e) **Sok pomarańczowy** kosztuje 4 złote.
f) Piwo z **sokiem** kosztuje 7 złotych.

4b
Przykład: kawa z mlekiem
a) kawa bez cukru, z mlekiem
b) herbata bez cukru
c) herbata z cytryną

5
Przykład: NIE
a) TAK
b) TAK
c) TAK
d) NIE, jest z mlekiem
e) NIE, tylko piwo
f) NIE, wodę niegazowaną

6
Kelner – Dzień dobry!
Adam – Proszę piwo. Ile **kosztuje** duże?
Kelner – 8 **złotych**.
Adam – A małe?
Kelner – 5 złotych.
Adam – Proszę duże.
Ewa – A dla mnie kawa z **mlekiem**.
Kelner – Czy **coś** jeszcze?
Adam – To **wszystko**. Dziękuję.

30 minut później
Adam – Proszę **rachunek**.
Kelner – Proszę.

7
Klient – Dzień dobry! Dla mnie czekolada.
Kelner – Proszę.

8
1. sok
2. szampan
3. woda
4. piwo
5. kawa
6. cukrem
7. cytryną
8. wino
9. czekolada
hasło: **KAWIARNIA**

Zadanie domowe
1a
Dzień dobry! / Proszę sok jabłkowy. / Nie, dziękuję.

1b
Dzień dobry! / 8 złotych. / 5 złotych. / Coś jeszcze? / Proszę.

2
a) kawa z mlekiem
b) piwo z sokiem
c) woda z lodem
d) sok bananowy
e) herbata z cytryną
f) woda niegazowana

3
a) herbata z cytryną
b) kieliszek wina
c) kawa bez mleka
d) butelka wina
e) woda mineralna gazowana
f) szampan

Moduł 9
1b
Przykład: Marysia zamawia **naleśniki**.
a) Gosia zamawia **barszcz**.
b) Igor zamawia **żurek**.
c) Agata zamawia **makaron**.
d) Jarek zamawia **pierogi**.
e) Mariusz zamawia **bigos**.

1c
PIEROGI – KURCZAK – PIZZA – ZUPA POMIDOROWA – RYBA – BIGOS – ŻUREK – KOTLET SCHABOWY – NALEŚNIKI – MAKARON – BARSZCZ

2a
a) Adam zamawia do picia **małe piwo**.
b) Anna zamawia do picia **sok bananowy**.
c) Adam zamawia do jedzenia **kotlet schabowy z sałatką i ziemniakami**.
d) Anna zamawia do jedzenia **naleśniki**.

3
Przykład: Proszę, to jest karta.
a) Proszę sok jabłkowy.
b) Dla mnie małe piwo.
c) Co pan poleca?
d) Czy tu wolno palić?
e) To jest sala dla niepalących.
f) Reszta dla pana.

4
Kelner – Dzień dobry! Proszę, to jest karta.
Klient – Dziękuję. Proszę pierogi.
Kelner – Coś do picia?
Klient – Proszę wodę mineralną. To wszystko.

6
Przykład: Marysia prosi (o) **pieprz**.
a) Gosia prosi (o) **łyżeczkę**.
b) Igor prosi (o) **szklankę**.
c) Agata prosi (o) **popielniczkę**.
d) Jarek prosi (o) **sól**.
e) Mariusz prosi (o) **serwetkę**.

Zadanie domowe
1
karta / kotlet (schabowy) / naleśniki / sok bananowy / piwo / naleśniki / kotlet (schabowy) / pieprz / sól / rachunek

2
a) n**óż**
b) tale**rz**
c) **ły**ż**ecz**ka
d) **s**erwetka

e) **sz**klanka
f) widele**c**
g) ły**ż**ka
h) s**ól**
i) piep**rz**

Moduł 10
1a
a) **restauracja**
b) **kino**
c) sklep
d) rynek
e) **muzeum**
f) poczta
g) szpital
h) **toaleta**
i) kantor
j) **hotel**
k) dworzec kolejowy
l) dworzec autobusowy
ł) lotnisko
m) metro
n) postój taksówek
o) przystanek

1c
1 – dworzec
2 – poczta
3 – szpital
4 – toaleta
5 – sklep
6 – lotnisko
7 – kino
8 – postój taksówek
9 – kantor
10 – przystanek

1d
kan – tor
szpi – tal
dwo – rzec
res – tauracja
mu – zeum
lot – nisko
po – czta
me – tro

4a
3

4b
2

5
a) Turysta – Przepraszam, gdzie jest Uniwersytet Jagielloński?
Pan Nowak – To jest bardzo blisko. Proszę iść prosto.
Turysta – Dziękuję.

b) Turysta – Przepraszam, gdzie jest Plac Nowy?
Pan Nowak – To jest bardzo daleko! Najlepiej pojechać tam taksówką. Tutaj jest postój taksówek.
Turysta – Dziękuję.

7
Przykład: Turysta – Przepraszam, gdzie jest STARY **TEATR**?
Informacja – **Ulica** Jagiellońska **5**.

a) Turysta – Przepraszam, gdzie jest **MUZEUM** MANGGHA?

Informacja – **Ulica** Konopnickiej **26**.
b) Turysta – Przepraszam, czy INSTYTUT FRANCUSKI jest w centrum?
Informacja – Tak. Ulica Stolarska **15**.

c) Turysta – Przepraszam, gdzie jest FABRYKA **SCHINDLERA**?
Informacja – **Ulica** Lipowa **4**.

d) Turysta – Przepraszam, jaki jest numer telefonu do **CENTRUM** KULTURY?
Informacja – Moment. 12 **424** 28 11.

Zadanie domowe
1
a) szpital
b) dworzec autobusowy
c) metro
d) lotnisko
e) przystanek
f) postój taksówek

2
a) jest / skręcić / Dziękuję
b) przejść
c) jedzie
d) wiem / iść

3
a) ulica
b) osiedle
c) aleja
d) plac

Moduł 11
1b
Przykład: **niebieski** ford
a) **zielony** golf
b) **srebrny** citroën
c) **żółty** renault
d) **biały** fiat
e) **czarny** mercedes
f) **czerwony** opel

3
Przykład: **Lotnisko**, proszę.
a) **Dworzec kolejowy**, proszę.
b) **Kino** *Kijów*, proszę.
c) **Restauracja** *Amigo*, proszę.
d) **Muzeum** *Etnograficzne*, proszę.

4
TK – Dzień dobry! Taxi **Kraków**, słucham?
Aneta – Dzień dobry! Chcę zamówić taksówkę.
TK – Na jaki adres?
Aneta – Ulica Mała **18**. **Hotel** *Kopernik*.
TK – Dobrze. Proszę czekać **15** minut. Będzie **zielony** opel.
Aneta – Dziękuję. Do widzenia!

15 minut później
Taksówkarz – Dzień dobry! Dokąd jedziemy?
Aneta – Dzień dobry! **Lotnisko**, proszę.

30 minut później
Taksówkarz – Jesteśmy na miejscu.
Aneta – **Ile** płacę?
Taksówkarz – **35** złotych.
Aneta – Proszę i dziękuję.

5
Klient – Dzień dobry! Chcę zamówić taksówkę.
Taxi – Na jaki adres?
Klient – Ulica Balicka 62.
Taxi – Proszę czekać 10 minut.

Taksówkarz – Dokąd jedziemy?
Klient – Dworzec kolejowy, proszę.

Taksówkarz – Jesteśmy na miejscu.
Klient – Ile płacę?
Taksówkarz – 26 złotych.
Klient – Proszę. Do widzenia.

Zadanie domowe
1
a) TAK
b) NIE (Mały Julek)
c) TAK
d) TAK
e) TAK
f) NIE (33 złote)

2
a) biały
b) srebrny
c) czarny
d) żółty
e) czerwony
f) zielony
g) niebieski

Moduł 12
2
Przykład: Pociąg do stacji Katowice odjeżdża z peronu **3 (trzeciego)**.
a) Pociąg do stacji Warszawa odjeżdża z peronu **5 (piątego)**.
b) Pociąg do stacji Berlin odjeżdża z peronu **1 (pierwszego)**.
c) Pociąg do stacji Rzeszów odjeżdża z peronu **1 (pierwszego)**.
d) Pociąg do stacji Wieliczka odjeżdża z peronu **2 (drugiego)**.
e) Pociąg do stacji Przemyśl odjeżdża z peronu **4 (czwartego)**.

4
Przykład: b
1. b, 2. c, 3. c, 4. b, 5. a

5
Przykład: Pociąg do Szczecina odjeżdża o **17**:10.
a) Pociąg do Moskwy odjeżdża o 16:**10**.
b) Pociąg do Łodzi odjeżdża o **8**:30.
c) Pociąg do Malborka odjeżdża o **22:05**.
d) Pociąg do Sanoka odjeżdża o 17:**40**.
e) Pociąg do Hamburga odjeżdża o 20:**15**.
f) Pociąg do Opola odjeżdża o **11**:06.
g) Pociąg do Pragi odjeżdża o **5**:20.

7
a) Pociąg z Warszawy do Gdyni jest opóźniony o **10** minut.
b) Pociąg z Zakopanego do Krakowa jest opóźniony o **15** minut.
c) Pociąg z Wrocławia do Poznania jest opóźniony o **6** minut.
d) Pociąg z Wiednia do Katowic jest opóźniony o **30** minut.

e) Pociąg z Zielonej Góry do Szczecina jest opóźniony o **20** minut.

8c
Przykład: druga
a) 107 złotych
b) 16 złotych
c) normalny
d) 42
e) 6
f) dla niepalących
g) przy korytarzu
h) 293 kilometry
i) o 16:35

10
Przykład: Proszę jeden bilet na pociąg do Warszawy.
a) Bilet normalny czy ulgowy?
b) Dla palących czy niepalących?
c) Czy jest wolne miejsce przy oknie?
d) Czy mogę zapłacić kartą?
e) W tej kasie tylko gotówką.

11
Turysta – Dzień dobry! Proszę bilet na pociąg do Berlina. O trzynastej.
Kasjer – Bilet normalny czy ulgowy?
Turysta – Normalny.
Kasjer – 150 złotych.
Turysta – Proszę.

Zadanie domowe
1
a) piętnaście
b) dziesięć
c) trzydzieści
d) dwadzieścia
e) czterdzieści
f) pięć

2
1) d, 2) c, 3) a, 4) e, 5) b, 6) f

3
pociąg / czy / oknie / zapłacić / gotówką / Rozumiem

Moduł 13
1b
Przykład: www.**europejski**.pl
a) www.**hotel-polonia.com**.pl
b) recepcja@**hoteljan**.com
c) www.**marriott**.com
d) www.**hotelorient**.pl
e) **krakow**@sheraton.com

2b
Przykład: pokój trzyosobowy
a) pokój jednoosobowy bez łazienki
b) apartament z łazienką i balkonem
c) pokój dwuosobowy z Internetem
d) pokój jednoosobowy bez balkonu i Internetu

3a
Przykład: TAK
a) TAK
b) NIE, z łazienką
c) TAK
d) NIE, na dwa
e) NIE, w niedzielę

f) NIE, Radust
g) TAK

4
Recepcjonista – *Hotel Sarmata*, słucham!
Gaja – Dzień dobry! Mówi Gaja **Pawlik**. Czy są jeszcze wolne pokoje w ten weekend?
Recepcjonista – Tak, są.
Gaja – Świetnie! Chcę zarezerwować pokój **jednoosobowy**.
Recepcjonista – Z łazienką?
Gaja – Tak, z łazienką, ze **śniadaniem**, z **Internetem**, bez **balkonu**.
Recepcjonista – Kiedy przyjazd?
Gaja – Przyjazd w **piątek,** wyjazd w **sobotę**.
Recepcjonista – Rozumiem. Jak się pani nazywa?
Gaja – Gaja Pawlik.
Recepcjonista – Jaki ma pani numer telefonu?
Gaja – 612 280 622.
Recepcjonista – E-mail?
Gaja – **gapa**@interia.pl
Recepcjonista – Dziękuję. Zapraszamy.

5
Recepcjonista – *Hotel Tatry*, słucham!
Turystka – Dzień dobry! Mówi Justyna Kamyk. Czy są jeszcze wolne pokoje w ten weekend?
Recepcjonista – Tak, są.
Turystka – Świetnie! Chcę zarezerwować apartament.
Recepcjonista – Ze śniadaniem czy bez?
Turystka – Tak, ze śniadaniem.
Recepcjonista – Kiedy przyjazd?
Turystka – Przyjazd w piątek, wyjazd w niedzielę.
Recepcjonista – Rozumiem. Jak się pani nazywa?
Turystka – Justyna Kamyk.
Recepcjonista – Dziękuję. Zapraszamy.

6b
Przykład: Przepraszam, ale w pokoju nr 14 nie działa **toaleta**.
a) Przepraszam, ale w pokoju nr 9 nie działa **klimatyzacja**.
b) Przepraszam, ale w pokoju nr 6 nie działa **lampka nocna**.
c) Przepraszam, ale w pokoju nr 19 nie działa **kran**.
d) Przepraszam, ale w pokoju nr 2 nie działa **prysznic**.
e) Przepraszam, ale w pokoju nr 7 nie działa **ogrzewanie**.

Zadanie domowe
1
a) kropka
b) podkreślenie
c) ukośnik
d) małpa
e) myślnik

2
RECEPCJONISTKA: a, d, e, f, h, i, k, l
MARCIN: b, c, g, j, ł

3
a) kran
b) ogrzewanie
c) klimatyzacja
d) suszarka
e) prysznic

f) lampka nocna

Moduł 14
2a
a) telefon
b) **paszport**
c) **walizkę**
d) **plecak**
e) **kamerę**
f) kartę kredytową
g) **portfel**
h) **aparat fotograficzny**

2b
a) Zgubiłem telefon **w restauracji**.
b) Zgubiłem paszport **w sklepie**.
c) Zgubiłam walizkę **na dworcu**.
d) Skradziono mi plecak **na lotnisku**.
e) Zgubiłem kamerę **w metrze**.
f) Skradziono mi kartę kredytową **na ulicy**.
g) Skradziono mi portfel **w tramwaju**.
h) Zgubiłam aparat fotograficzny **w klubie**.

3b
Przykład: Kobieta ma na imię **Anna**.
a) Ona nazywa się **Kowalska**.
b) Rodzice Anny mają na imię **Jan**, **Barbara**.
c) Adres Anny to: **84-360 Łeba,
al. Niepodległości 146 m (mieszkanie) 167**.
d) Ona ma **175** centymetrów wzrostu.
e) Ona ma **zielony** kolor oczu.

3d
Przykład: imię / **imiona** / nazwisko
a) nazwisko / imiona / **imię**
b) data urodzenia / **miejsce urodzenia**
c) płeć / **wzrost** / kolor oczu
d) **kobieta** / mężczyzna
e) zielony / niebieski / **piwny**
f) czarny / **brązowy** / zielony

4a
Pan Grass – Dzień dobry! Czy może mi pan pomóc?
Pracownik banku – Dzień dobry! Oczywiście. Jaki jest problem?
– Jestem turystą. Zgubiłem kartę kredytową.
– Rozumiem. Chce pan zablokować kartę?
– Tak. Bardzo proszę.
– Dobrze. Proszę o kilka informacji. **Imię**?
– Gustaw.
– **Nazwisko**?
– Grass.
– Imiona **rodziców**?
– Helmut i Claudia.
– **Adres** zameldowania?
– Berlin, Kochstraße **46**.
– Koch… Przepraszam, proszę przeliterować.
– K – o – c – h – s – t – r – a – s – s – e.
– Dziękuję. **Data** urodzenia?
– Przepraszam, nie rozumiem, mówię tylko trochę po polsku.
– Data urodzenia. Proszę tutaj napisać.
– Oo, rozumiem.

Zadanie domowe
1
a) 7, b) 3, c) 1, d) 5, e) 8, f) 6, g) 4, h) 2

Moduł 15
2
a) Boli mnie **oko**.
b) Boli mnie **ząb**.
c) Boli mnie **gardło**.
d) Boli mnie **noga**.
e) Boli mnie **ucho**.
f) Boli mnie **serce**.
g) Boli mnie **brzuch**.
h) Boli mnie **głowa**.
i) Boli mnie **ręka**.

4
Przykład: b
1. c, 2. b, 3. b, 4. a, 5. c

6
a)
1) brzuch i gardło
2) **syrop na kaszel,
tabletki przeciwbólowe**
b)
1) **gardło**
2) **nie kupuje**
c)
1) **serce**
2) **krople**

7
a) Klient – Dzień dobry! Proszę **termometr**.
Farmaceuta – Coś jeszcze?
Klient – Tak. Boli mnie trochę **gardło**.
Farmaceuta – Jak długo?
Klient – **Kilka** dni.
Farmaceuta – Proszę, to jest dobry **syrop** eukaliptusowy. Kosztuje 12 złotych.
Klient – Dobrze. Proszę.

b) Klientka – Dzień dobry! Bardzo boli mnie **ząb**.
Farmaceuta – Proszę, to są **tabletki** przeciwbólowe. Jeśli to nie pomoże, proszę iść do dentysty.
Klientka – Dobrze. Dziękuję.

8
Klient – Dzień dobry! Boli mnie ucho.
Farmaceuta – Jak długo?
Klient – Kilka dni.
Farmaceuta – To są dobre krople. Jeśli to nie pomoże, proszę iść do lekarza.
Klient – Dziękuję.

Zadanie domowe
1
a) głowa
b) ucho
c) ząb
d) serce
e) brzuch
f) noga
g) ręka
h) gardło
i) oko

2
a) NIE (Boli mnie serce)
b) TAK
c) TAK
d) NIE (Mam katar)
e) NIE (To są krople)
f) NIE (Mam kaszel)
h) TAK
i) TAK

Moduł 16

1b
1. stadion
2. muzeum
3. teatr
4. kino
5. opera
6. klub muzyczny

2a
Czy ma pan – rezerwację?
Koncert jest – odwołany.
Klub jest – nieczynny.
Proszę bilet na – mecz piłki nożnej.
Czy to jest film z – dubbingiem?
Mam – pytanie.
Rezerwacja na nazwisko – Kowalski.

2b
Przykład: na film
a) na koncert
b) na operę
c) na mecz
d) na wystawę
e) na spektakl

3
Przykład: Sektor ma numer **D11**.
a) *Maria Antonina*
b) 20 złotych
c) 5
d) 12
e) 20:30
f) *Proces*

4
Turysta – Proszę bilet na film *Avatar*.
Kasjer – Bilet normalny czy ulgowy?
Turysta – Normalny, proszę.
Kasjer – Który rząd?
Turysta – 6, proszę.
Kasjer – 15 złotych.

Zadanie domowe
1
a) 2-1-3-5-6-4-7
b) 2-1
c) 2-3-1
d) 1-2-4-3-5-7-6
e) 1-3-4-2
f) 1-2
2
a) 4, b) 3, c) 5, d) 6, e) 2, f) 1

Moduł 17

2
Przykład: c
1. b, 2. b, 3. b, 4. a, 5. c, 6. a, 7. c

3
Przykład: getry – spodenki – **bramka** – buty
a) bramkarz – sędzia – kapitan – **piłka**
b) piłka – bramka – **spodenki** – gol
c) wygrać – **trener** – przegrać – zremisować
d) **kibice** – żółta kartka – sędzia – czerwona kartka
e) druga połowa – przerwa – **kapitan** – pierwsza połowa
f) rzut karny – **trener** – faul – piłkarz

Zadanie domowe
1
a) bramka
b) żółta kartka
c) piłka / gol
d) szalik klubowy
e) sędzia
f) faul
g) drużyna
h) kibice
2
a) piłkarz
b) Kapitan
c) trener
d) bramkarz
e) sędzia

SŁOWNICZEK PL-ENG-DE
GLOSSARY

JĘZYK POLSKI	ENGLISH	DEUTSCH
A		
a	and, whereas	und, aber
adres	address	Adresse
adres zameldowania	registered address	Anmeldeadresse
akcesoria sportowe	sports equipment	Sportaccessoires
aktualny kurs	current exchange rate	aktueller Wechselkurs
akwarium	aquarium	Aquarium
album, albumy (pl)	album, photobook	Bildband
albumy o Polsce (pl)	photobooks about Poland	Bildbände über Polen
albumy z malarstwem polskim (pl)	photobooks about the works of Polish painters	Bildbände polnischer Maler
ale	but	aber
aleja	alley, avenue	Allee
alergia	allergy	Alergie
alfabet	alphabet	Alphabet
alkohole (pl)	alcoholic drinks	Alkoholsorten
analiza	analysis	Analyse
antybiotyk	antibiotic	Antibiotikum
aparat fotograficzny	camera	Fotoapparat, Kamera
apartament	apartment	Apartment
apteka	pharmacy	Apotheke
artykuł, artykuły (pl)	article	Artikel
aspiryna	aspirin	Aspirin
autobus	bus	Bus
B		
baca	shepherd	Schafhirte
baco	shepherd (form to address the person)	Anredeform zum Schafhirte
bagietka	baguette	Baguette
balkon	balcony	Balkon
banan, banany (pl)	banana	Banane
bandaż	bandage	Bandage, Binde
bank	bank	Bank
banknot, banknoty (pl)	bank note	Geldschein
bankomat	cash machine, ATM	Geldautomat, Bankomat
baranina	mutton	Lammfleisch
bardzo	very, very much	sehr
Bardzo proszę.	Here you are.	Bitte sehr.
barszcz	beetroot soup	Rote-Beten-Suppe
bez	without	ohne
bezalkoholowy,-a,-e	non-alcoholic	alkoholfrei
będzie (on, ona, ono)	he/she/it will…	er/sie/es/wird…
biały,-a,-e	white	weiß
bielizna	underwear	Unterwäsche
bigos	Polish stew made of sauerkraut and meat	ein polnisches Nationalgericht aus Weißkohl, Sauerkraut und verschiedenen Fleisch- und Wurstsorten
bilet, bilety (pl)	ticket	Fahrkarte
bilet normalny	normal fare	normaler Fahrschein
bilet ulgowy	reduced fare	ermäßigter Fahrschein
biustonosz	bra	BH
biznesmen	businessman	Geschäftsmann

biżuteria	jewellery	Schmuck
biżuteria z bursztynu	amber jewellery	Bernsteinschmuck
blisko	close, near	nah
bluzka	blouse, top	Bluse
bo	because	weil, denn
bokserki (pl)	boxer shorts	Herrenboxer
boleć	to hurt	weh tun
boli mnie…	my… hurt(s)	… tut/tun mir weh
bramka	goal	Tor
bramka samobójcza	own goal	Eigentor
bramkarz	goal keeper	Torwart
bransoletka	bracelet	Armband
brązowy,-a,-e	brown	braun
broker	broker	Broker
brzuch	stomach, belly	Magen, Bauch
Bułgaria	Bulgaria	Bulgarien
bułka	bread roll	Brötchen
bursztyn	amber	Bernstein
butelka wina	bottle of wine	Weinflasche
buty (pl)	shoes, boots	Schuhe
być	to be	sein
C		
cebula	onion	Zwiebel
cena	price	Preis
centrum	centre	Zentrum
centrum handlowe	shopping centre	Einkaufszentrum
ceramika	ceramics	Keramik
chcą (oni, one)	they want	sie wollen
chcą (państwo)	you want (pl, polite form)	Sie wollen
chce (on, ona, ono)	he/she/it wants	er/sie/es will
chce (pan, pani)	you want (sg, polite form)	Sie wollen
chcecie (wy)	you want (pl)	ihr wollt
chcemy (my)	we want	wir wollen
chcesz (ty)	you want (sg)	du willst
chcę (ja)	I want	ich will
Chcę wymienić…	I would like to exchange…	Ich will… wechseln.
Chcę zamówić…	I would like to order…	Ich will… bestellen.
chcieć	to want	wollen
chemia	chemistry	Chemie
chleb	bread	Brot
chory,-a,-e	ill	krank
chusteczki higieniczne (pl)	tissues	Taschentücher
ciastka (pl)	cookies and biscuits	Kekse
ciasto	cake	Kuchen
cielęcina	veal	Kalbfleisch
ciupaga góralska	mountaineer's hatchet, alpenstock	Bergstock, eine Art Axt, Beil – ein typisches Element der männlichen Volkstracht bei den polnischen Hohe-Tatra-Bewohnern, den Goralen.
co	what	was
Co pan/pani poleca/proponuje?	What can you recommend?	Was empfehlen Sie?
coś	something	etwas
coś do jedzenia	something to eat	etwas zum Essen
coś do picia	something to drink	etwas zum Trinken
Coś jeszcze?	Anything else?	Sonst noch etwas?
cudo	wonder	ein wunderschönes Ding

cukier	sugar	Zucker
cytryna	lemon	Zitrone
czajnik	kettle	Wasserkocher
czapka	hat	Mütze
czarny,-a,-e	black	schwarz
czekać	to wait	warten
czekolada	chocolate	Schokolade
czepek	swimming cap	Badekappe
czerwona kartka	red card	die rote Karte
czerwony,-a,-e	red	rot
Cześć!	1. Hello!, 2. Bye!	1. Hallo!, 2. Tschüss!
czterdzieści	forty	vierzig
czternasty	the fourteenth	der vierzehnte
czternasta (godzina)	2 p.m.	vierzehn Uhr
cztery	four	vier
czternaście	fourteen	vierzehn
czterysta	four hundred	vierhundert
czwarty	the fourth	der vierte
czwarta (godzina)	4 a.m.	vier Uhr
czwartek	Thursday	Donnerstag
czy	do you…/if	Signalwort in den Entscheidungsfragen /ob
Czy mogę prosić sól?	Can I have the salt, please?	Kann ich bitte Salz haben?
Czy mogę zapłacić kartą/gotówką?	Can I pay by credit card/in cash?	Kann ich mit der Karte/bar bezahlen?
Czy tu wolno palić?	May I smoke here?	Darf man hier rauchen?
czynne od…do…	open from…to…	geöffnet von…bis…
D		
daleko	far	weit, weit weg
data	date	Datum
data urodzenia	date of birth	Geburtsdatum
data wyjazdu	departure date	Abreisedatum
dentysta	dentist	Zahnarzt
deska snowboardowa	snowboard	Snowboardbrett
deskorolka	skateboard	Skateboard
disco	disco	Diskothek, Disko
dla	for	für
dla mnie	for me	für mich
dla niepalących	for non-smokers	für Nichtraucher
dla palących	for smokers	für Raucher
dla pana/dla pani	for you (sg, polite form)	für Sie
dlaczego	why	warum
długopis	ballpoint pen	Kugelschreiber
dni tygodnia (pl)	days of the week	Wochentage
Do jutra!	See you tomorrow!	Bis morgen!
Do widzenia!	Goodbye!	Auf Wiedersehen!
Do zobaczenia!	See you!	Auf Wiedersehen!
Dobranoc!	Goodnight!	Gute Nacht!
Dobry wieczór!	Good evening!	Guten Abend!
dobry,-a,-e	good	gut
dobrze	good, correct, well	gut, richtig
dokąd	where to	wohin
dokładnie	exactly, accurately	genau, exakt
dokumenty (pl)	documents	Dokumente, Papiere
dolar, dolary (pl)	dollar	Dollar
dowód osobisty	ID	Personalausweis
dowód rejestracyjny	registration document	Zulassungsnummer

drobne (pl)	small change	Kleingeld
drób	poultry	Geflügel
drugi	the second	der zweite
druga (godzina)	2 a.m.	zwei Uhr
druga połowa	second half	zweite Hälfte
drużyna	team	Mannschaft
drzwi (pl)	door	Tür
dubbing	dubbing	Synchronisation (im Film)
dużo	many, a lot	viel
duży,-a,-e	big, large	groß
dwa	two	zwei
dwadzieścia	twenty	zwanzig
dwanaście	twelve	zwölf
dwieście	two hundred	zweihundert
dworzec	(railway) station	Bahnhof
dworzec autobusowy	bus/coach station	Busbahnhof
dworzec kolejowy	railway station	Bahnhof
dwudziesty	the twentieth	der zwanzigste
dwudziesta (godzina)	8 p.m.	zwanzig Uhr
dwudziesty pierwszy	the twenty-first	der einundzwanzigste
dwudziesta pierwsza (godzina)	9 p.m.	einundzwanzig Uhr
dwudziesty drugi	the twenty-second	der zweiundzwanzigste
dwudziesta druga (godzina)	10 p.m.	zweiundzwanzig Uhr
dwudziesty trzeci	the twenty-third	der dreiundzwanzigste
dwudziesta trzecia (godzina)	11 p.m.	dreiundzwanzig Uhr
dwudziesty czwarty	the twenty-fourth	der vierundzwanzigste
dwudziesta czwarta (godzina)	12 a.m.	vierundzwanzig Uhr
dwunasty	twelfth	der zwölfte
dwunasta (godzina)	12 p.m.	zwölf Uhr
dwuosobowy,-a,-e	double or twin (room), for two persons	Zweibett(zimmer), für zwei Personen
dyskoteka	disco	Diskothek, Disco
działa (on, ona, ono)	he/she/it works (functions)	er/sie/es funktioniert
działać	to work (function)	funktionieren
dzień	day	Tag
Dzień dobry!	1. Good morning!, 2. Good afternoon!	1. Guten Morgen!, 2. Guten Tag!
dziesiąty	the tenth	der zehnte
dziesiąta (godzina)	10 a.m.	zehn Uhr
dziesięć	ten	zehn
dziewiąty	the ninth	der neunte
dziewiąta (godzina)	9 a.m.	neun Uhr
dziewięć	nine	neun
dziewięćdziesiąt	ninety	neunzig
dziewięćset	nine hundred	neunhundert
dziewiętnasty	the nineteenth	der neunzehnte
dziewiętnasta (godzina)	7 p.m.	neunzehn Uhr
dziewiętnaście	nineteen	neunzehn
dziękować	to thank	danken
dziękują (oni, one)	they thank	sie danken
dziękują (państwo)	you thank (pl, polite form)	Sie danken
dziękuje (on, ona, ono)	he/she/it thanks	er/sie/es dankt
dziękuje (pan, pani)	you thank (sg, polite form)	Sie danken
dziękujecie (wy)	you thank (pl)	ihr dankt
dziękujemy (my)	we thank	wir danken
dziękujesz (ty)	you thank (sg)	du dankst
Dziękuję!	Thank you!	Danke!
dziękuję (ja)	I thank	ich danke

dzisiaj/dziś	today	heute
dźwięk	sound	Laut
dźwigać	to carry	(eine Last) tragen
dżem	jam	Marmelade
dżinsy (pl)	jeans	Jeanshose, Jeans
dżokej	jockey	Jockey
dżudo	judo	Judo
dżungla	jungle	Dschungel
E		
espresso	espresso	Espresso
euro	euro	Euro
Europa	Europe	Europa
F		
faul	foul	Foul
fax	fax	Fax
figurki z drewna (pl)	wooden figurines	Holzfiguren
film	film	Film
film z dubbingiem	dubbed film	synchronisierter Film
filozofia	philosophy	Philosophie
frank szwajcarski, franki szwajcarskie (pl)	Swiss franc	Schweizer Frank
frytki (pl)	chips, fries (BRIT), fries (US)	Pommes frittes
funt, funty (pl)	pound	Pfund (Währung)
G		
galanteria	accessories	Accessories
gardło	throat	Hals
gazeta	newspaper	Zeitung
gdzie	where	wo
Gdzie jest..?	Where is…?	Wo ist…?
getry piłkarskie (pl)	football socks	Fußballsocken
głowa	head	Kopf
godzina	1. o'clock, 2. hour	1. Uhr, 2. Stunde
gogle (pl)	goggles	Skibrille
gol	goal	Tor
gorączka	fever	Fieber
gotówka	cash	Bargeld
groch	pea	Erbse
grosz, grosze (pl)	grosz (= 0.01 zloty)	Groschen
gruszki (pl)	pears	Birnen
guma do żucia	chewing gum	Kaugummi
H		
haftowane obrusy (pl)	embroidered tablecloths	gestickte Tischtücher
Halo!	Hello!	Hallo!
hamburger	hamburger	Hamburger
Hej!	1. Hi!, 2. Bye!	1. Hallo!, 2. Tschüss!
herbata	tea	Tee
herbatka po góralsku	Highlander's tea (tea with alcohol)	Tee nach Gebirgsart (Tee mit Alkohol)
herbatka z prądem	"electrically charged tea" (tea with alcohol)	"Tee unter Strom" (Tee mit Alkohol)
hokej	hockey	Hockey
holding	holding company	Holding(gesellschaft)
hot dog	hot dog	Hotdog
hotel	hotel	Hotel
I		
i	and	und
ile	how many, how much	wie viel
Ile kosztuje…?	How much does (this)… cost?	Was kostet…?
Ile kosztują…?	How much do (these)… cost?	Was kosten…?

Ile płacę?	How much is that?	Was bezahle ich?
Internet	Internet	Internet
imię	(first) name	Vorname
imiona rodziców (pl)	parents' (first) names	Vornamen der Eltern
indyk	turkey	Pute
informacja	information	Information, Auskunft
iść	to go (by foot), to walk	gehen
J		
ja	I	ich
jabłka (pl)	apples	Äpfel
jajka (pl)	eggs	Eier
jak	how	wie
Jak to powiedzieć po polsku?	How do you say that in Polish?	Wie sagt man das auf Polnisch?
jaki,-a,-ie	what (what colour do you like?), what… like, which	welcher,-e,-s
Jaki ma pan/pani numer telefonu/e-mail?	What's your phone number/email address?	Welche Telefonnummer/E-Mail haben Sie?
jechać	to drive, to go by vehicle	fahren
jeden	one	ein, eins
jedenasty	the eleventh	der elfte
jedenasta (godzina)	11 a.m.	elf Uhr
jedenaście	eleven	elf
jedzenie	food	Essen
jedzie (on, ona, ono)	he/she/it goes (by vehicle)	er/sie/es fährt
jedzie (pan, pani)	you go (sg, polite form)	Sie fahren
jest (on, ona, ono)	he/she/it is	er/sie/es ist
jest (pan, pani)	you are (sg, polite form)	Sie sind
jestem (ja)	I am	ich bin
jesteś (ty)	you are (sg)	du bist
jesteście (wy)	you are (pl)	ihr seid
jesteśmy (my)	we are	wir sind
jeszcze	still, yet	noch
jeść	to eat	essen
język	1. language, 2. tongue	1. Sprache, 2. Zunge
jogurt	yoghurt	Jog(h)urt
jutro	tomorrow	morgen
już	already	schon
K		
kaczka	duck	Ente
kakao	cocoa	Kakao
kamera	camcorder	Videokamera
Kamikadze	Kamikaze (name of drink)	Kamikaze (Name eines Drinks)
kantor	bureau de change, exchange office	Wechselstube
kapelusz	hat	Hut
kapelusz w barwach biało-czerwonych	hat in the national colours: white and red	Hut in den Nationalfarben weiß-rot
kapitan	captain	Kapitän
kapusta	cabbage	Kohl
karp	carp	Karpfen
karta dań	menu	Menü
karta bankomatowa	cash card, debit card	EC-Karte
karta kibica	supporter's card	Fanausweis
karta kredytowa	credit card	Kreditkarte
karta telefoniczna	phonecard	Telefonkarte
kasa	cash register, cash desk, till	Kasse
kask	helmet	Helmet
kaszel	cough	Husten
katalog	catalogue	Katalog

katar	catarrh, runny nose	Schnupfen
katar alergiczny	hayfever	Heuschnupfen
kawa	coffee	Kaffee
kawa z mlekiem	white coffee	Kaffee mit Milch
kawiarnia	coffee shop, café	Café, Kaffeehaus
kąpielówki (pl)	swimming trunks	Badehose
kelner	waiter	Kellner
kibic, kibice (pl)	football fan	Fußballfan
kiedy	when	wann
kieliszek wina	glass of wine	Weinglas
kiełbasa	sausage	Wurst
kierunek	direction	Richtung
kijki	1. ski poles, 2. Nordic walking poles	1. (Ski)Stöcke, 2. (Nordic Walking)Stöcke
kilka	a few	einige
kilometr, kilometry (pl)	kilometer	Kilometer
kino	cinema (BRIT), movie theater (US)	Kino
kiosk	kiosk	Kiosk
klapki (pl)	flip-flops	Badelatschen, Flip-Flops
klasa	class	Klasse
klimatyzacja	air conditioning	Klimaanlage
klub muzyczny	(music) club	Musikclub
klucz	key	Schlüssel
kluczyki do samochodu (pl)	car keys	Autoschlüssel
kobieta	woman	Frau
kolczyki (pl)	earrings	Ohrringe
kolor, kolory (pl)	colour	Farbe
kolor oczu	eye colour	Augenfarbe
kompakt	CD	CD
komputer	computer	Computer
kontakt	contact	Kontakt
koń	horse	Pferd
koperta, koperty (pl)	envelope	Briefumschlag
korale (pl)	beads	Korallen
korona, korony (pl)	crown	Krone (Währung)
koronkowy	lace	Spitzen-
koronkowe serwetki (pl)	lace doilies	Spitzenservietten
korytarz	corridor	Korridor
kosztować	to cost	kosten
koszula	shirt	Hemd
koszulka	T-shirt	1. T-Shirt, 2. Unterhemd
koś!	mow!	mähe!
kotlet	cutlet, chop	Schnitzel
kotlet schabowy	pork chop	Schweineschnitzel
kraj	country	Land
kran	tap	Wasserhahn
krawat	tie	Krawatte
kropka	dot	Punkt
krople (pl)	drops	Tropfen
krople na serce (pl)	heart medicine	Herztropfen
kto	who	wer
który,-a,-e	which	welcher,-e,-s
kubek	mug	Becher
kupić	to buy	kaufen
kupno	purchase	Kauf
kupować	to buy	kaufen
kurczak	chicken	Hähnchen

kurs	course	Kurs
kursy walut (pl)	rates of exchange	Währungskurse
kurtka	jacket	Jacke
L		
lalki w strojach regionalnych (pl)	dolls in regional costume	Puppen in Regionaltrachten
lampa	lamp	Lampe
lampka nocna	table lamp	Nachttischlampe
lecz	but	aber
lekarstwo, lekarstwa (pl)	medicine, drugs	Arzneimittel, Medizin
lekarstwo na receptę	prescription medicine	rezeptpflichtiges Arzneimittel
lekarstwo pomoże	the medicine will help	das Arzneimittel hilft
lekarz	doctor	Arzt
(na) lewo	left	links
liczba	number	Zahl
lifting	facelift	Lifting
literowanie	spelling	Buchstabieren
lokalizacja	location	Lokalisierung
lotnisko	airport	Flughafen
lub	or	oder
Ł		
łazanki (pl)	small square of pasta	Nudelflecken mit Kohl
łazienka	bathroom	Bad
łosoś	salmon	Lachs
łyżeczka (do herbaty)	teaspoon	Teelöffel
łyżka	spoon	Löffel
łyżwy (pl)	ice skates	Schlittschuhe
M		
ma (on, ona, ono)	he/she/it has	er/sie/es hat
ma (pan/pani)	you have (sg, polite form)	Sie haben
majtki (pl)	panties, briefs	Slip, Unterhose
makaron	pasta	Nudeln, Pasta
małe witraże (pl)	small stained glass window	kleine Glasfenster
małpa	@ (at symbol)	@ (Klammeraffe)
mały,-a,-e	small	klein
mam (ja)	I have	ich habe
manager	manager	Manager
mapa	map	Karte
marchewka	carrot	Möhre, Karotte
masło	butter	Butter
masz (ty)	you have (sg)	du hast
maść	ointment	Salbe
mąka	flour	Mehl
mechanik	mechanic	Mechaniker
mecz	game, match	Spiel, Wettbewerb (Sport)
mecz piłki nożnej/w tenisa	football/tennis match	Fußball-/Tennisspiel
metr	meter	Meter
metro	underground (BRIT), subway (US)	U-Bahn, Metro
męski,-a,-ie	men's, masculine	männlich
mężczyzna	man	Mann
miasto	town, city	Stadt
mieć	to have	haben
miejsce	1. seat, 2. place	1. (Sitz)Platz, 2. Ort
miejsce urodzenia	place of birth	Geburtsort
miejscówka	seat reservation, reserved seat	Platzkarte
mięso	meat	Fleisch
miło	nice	angenehm, nett

Miło mi.	Nice to meet you.	Angenehm.
minus	minus	Minus
mleko	milk	Milch
mogę (ja)	I can	ich kann
moment	moment	Moment
moneta, monety (pl)	coin	Münze
może	perhaps, maybe	vielleicht
móc	to be able to, can	können
mój, moja, moje	my, mine	mein, meine, mein
mówić	to speak	sprechen
muzeum	museum	Museum
muzyka	music	Musik
my	we	wir
myślnik	dash, hyphen	Bindestrich
N		
na	on, for	auf
Na ile dni?	For how many days?	Für wie viele Tage?
Na jaki adres?	To what address?	An welche Adresse?
na przykład, np.	for example, e.g.	zum Beispiel, z.B.
Na razie!	See you later!	Bis dann!
nabiał	dairy products	Milchprodukte
najlepiej	best	am besten
naleśniki (pl)	pancakes, crepes	Pfannkuchen
napisy (pl)	subtitles	Untertitel
napisać	to write	aufschreiben
napoje bezalkoholowe (pl)	non-alcoholic drinks	alkoholfreie Getränke
napój	soft drink	Getränk
narty (pl)	skis	Ski, Schier
naszyjnik	neclace	Halskette
nazywać się	to be called/named	heißen
nazywam się (ja)	my name is	ich heiße
nazywasz się (ty)	your name is	du heißt
nazywa się (on, ona)	his/her name is	er/sie heißt
nazywa się (pan/pani)	your name is (sg, polite form)	Sie heißen
nazywamy się (my)	our names are	wir heißen
nazywacie się (wy)	your names are	ihr heißt
nazywają się (oni, one)	their names are	sie/Sie heißen
nazywają się (państwo)	your names are (pl, polite form)	Sie heißen
nazwisko	surname, last name	Familienname, Nachname
negocjacje (pl)	negotiations	Verhandlungen
nic	nothing	nichts
nie	no, not	nein, nicht
Nie rozumiem.	I don't understand.	Ich verstehe nicht.
Nie wiem.	I don't know.	Ich weiß nicht.
niebieski,-a,-ie	blue	blau
nieczynny,-a,-e	1. closed (shop), 2. not working, inactive	1. geschlossen 2. außer Betrieb
niedziela	Sunday	Sonntag
nieoficjalny,-a,-e	unofficial	unoffiziell
niepalący,-a,-e	non-smoker	Nichtraucher
niestety	unfortunately	leider
noc zakupów	shopping night	Einkaufsnacht
noga	leg	Bein
Norwegia	Norway	Norwegen
nowy,-a,-e	new	neu
nóż	knife	Messer
numer	number	Nummer

O		
o	about, at	über, um
obniżka 10 %	10 % off	10% reduziert
obrazki (pl)	paintings	Bilder
obrazki malowane na szkle (pl)	glass paintings	Glasbilder
obrusy (pl)	tablecloths	Tischtücher
ochraniacze na kolana (pl)	knee pads	Knieschützer
ochraniacze na łokcie (pl)	elbow pads	Ellenbogenschützer
oczywiście	of course, obviously	selbstverständlich
od	from	von
odjazd pociągu, odjazdy pociągów (pl)	train departure	Zugabfahrt
odjeżdżać	depart, leave (by vehicle)	abfahren
odwołany,-a,-e	cancelled	abgesagt
oficjalny,-a,-e	official	offiziell
ogórki (pl)	cucumbers	Gurken
ogrzewanie	heating	Heizung
okazja	bargain	Schnäppchen
okno	window	Fenster
oko	eye	Auge
okulary (pl)	glasses	Brille
okulary przeciwsłoneczne (pl)	sunglasses	Sonnenbrille
on	he	er
ona	she	sie
one	they (non-masculine personal)	sie (über Gruppe von weiblichen Personen oder Kinder)
oni	they (masculine personal)	sie (über männliche oder gemischte Gruppe)
ono	it	es
opera	opera	Oper
opóźniony,-a,-e	late, delayed	verspätet
osiedle	estate	Siedlung
osiem	eight	acht
osiemdziesiąt	eighty	achtzig
osiemnasty	the eighteenth	der achtzehnte
osiemnasta (godzina)	6 p.m.	achtzehn Uhr
osiemnaście	eighteen	achtzehn
osiemset	eight hundred	achthundert
otworzyć	to open	öffnen
owoce (pl)	fruit	Obst
Ó		
ósmy	the eighth	der achte
ósma (godzina)	8 a.m.	acht Uhr
P		
palić	to smoke	rauchen
palisz (ty)	you smoke (sg)	du rauchst
pamiątki (pl)	souvenirs	Andenken, Souvenirs
pan	1. you (masc sg, polite), 2. Mr.	1. Sie (Höflichkeitsform) 2. Herr
pani	1. you (fem sg, polite), 2. Mrs.	1. Sie (Höflichkeitsform) 2. Frau
państwo	Mr. and Mrs.	1. Sie, 2. Herrschaften
papierosy (pl)	cigarettes	Zigaretten
paragon	receipt	Kassenbon
parasol	umbrella	Regenschirm
park	park	Park
parking	car park	Parkplatz
parówki (pl)	frankfurters	Wienerwürstchen
parter	stalls	Parkett

pasek	belt	Gürtel
paszport	passport	Reisepass
peeling	exfoliation	Peeling
perfumy (pl)	perfume	Parfüm
peron	platform	Bahnsteig
piąty	the fifth	der fünfte
piąta (godzina)	5 a.m.	fünf Uhr
piątek	Friday	Freitag
pić	to drink	trinken
pieniądze (pl)	money	Geld
pieprz	pepper	Pfeffer
pierogi (pl)	filled dumplings	Teigtaschen
pierogi ruskie (pl)	Ruthenian dumplings (filled with potato and cottage cheese)	russische Piroggen (Teigtaschen gefüllt mit Quark und Kartoffeln)
pierogi z jagodami (pl)	dumplings with blueberries	Teigtaschen gefüllt mit Beeren
pierogi z mięsem (pl)	meat dumplings	Teigtaschen gefüllt mit Fleisch
pierogi z serem (pl)	dumplings with sweet cheese	Teigtaschen gefüllt mit Quark, süß
pierogi z truskawkami (pl)	dumplings with strawberries	Teigtaschen gefüllt mit Erdbeeren
pierwszy	the first	der erste
pierwsza (godzina)	1 a.m.	ein Uhr
pierwsza połowa	first half	erste Hälfte
pierścionek	ring	Ring (Schmuck)
pietruszka	parsnip - for the white root, or parsley - for the green leaves	Petersilie
pięć	five	fünf
pięćdziesiąt	fifty	fünfzig
pięćset	five hundred	fünfhundert
piętnasty	the fifteenth	der fünfzehnte
piętnasta (godzina)	3 p.m.	fünfzehn Uhr
piętnaście	fifteen	fünfzehn
pilot	remote control	Fernbedienung
piłka	ball	Ball
piłka nożna	football, soccer	Fußball
piłkarz	footballer	Fußballer, Fußballspieler
piwny,-a,-e	hazel (eye colour)	braun (über Augenfarbe)
piwo	beer	Bier
piwo z sokiem	beer with syrup	Bier mit Saft
pizza	pizza	Pizza
piżama	pyjamas	Pyjama, Schlafanzug
plac	square	Platz (in der Stadt)
plan	plan	Plan
plaster	plaster (BRIT), bandaid (US)	(Heft)Pflaster
playback	playback	Playback
plecak	rucksack, backpack	Rucksack
plus	plus	plus
płacę (ja)	I pay	ich bezahle
płacić	to pay	bezahlen
płaszcz	coat	Mantel
płatność	payment	Bezahlung
Płatność kartą od 10 złotych.	Card payment minimum: 10 zlotys.	Mit der Karte können Sie ab 10 Zloty bezahlen.
Płatność tylko gotówką.	Cash payments only.	Nur bar bezahlen.
płeć	sex (male/female)	Geschlecht
płyty z muzyką (pl)	music CDs	CDs mit Musik
po	after	nach
po polsku	in Polish	auf Polnisch

po południu	in the afternoon	am Nachmittag
poleca (on, ona, ono)	he/she/it recommends	er/sie/es empfiehlt
polityk	politician	Politiker
połowa	half	Hälfte
pop	pop	Pop
pociąg	train	Zug
poczta	post office, mail	Post
pocztówka, pocztówki (pl)	postcard	Postkarte, Ansichtskarte
podkoszulek	T-shirt	Unterhemd, T-Shirt
podkoszulek z napisem „Polska"	T-shirt with "Poland" written on it	T-Shirt mit der Überschrift „Polen"
podkreślenie	underscore	Unterstrich
podwójny,-a,-e	double	doppelt
pokój	room	Zimmer
pokój jednoosobowy	single room	Einbettzimmer
pokój dwuosobowy	double room	Zweibettzimmer
pokój trzyosobowy	triple room	Dreibettzimmer
poleca (pan, pani)	you recommend (sg, polite form)	Sie empfehlen
polecać	to recommend	empfehlen
Polska	Poland	Polen
polski,-a,-ie	Polish	1. polnisch, 2. Polnisch
pomidory (pl)	tomatoes	Tomaten
Pomocy!	Help!	Hilfe!
pomóc	to help	helfen
poniedziałek	Monday	Montag
popielniczka	ashtray	Aschenbecher
portfel	wallet	Geldbörse
postój taksówek	taxi rank	Taxistand
poszła	she went, she has gone	sie ging
powtórzyć	to repeat	wiederholen
pozostały,-a,-e	left, remaining	Rest-
później	later	später
pracownik	employee, worker	Mitarbeiter
prawo	right	rechts
prawo jazdy	driving license	Führerschein
prezydent	president	Präsident
problem	problem	Problem
problemy zdrowotne (pl)	health problems	gesundheitliche Probleme
promocja	special offer	Sonderangebot
proponować	to offer	empfehlen
proponuję (ja)	I offer	ich empfehle
proponują (oni, one)	they offer	sie empfehlen
proponują (państwo)	you offer (pl, polite form)	Sie empfehlen
prosi (on, ona, ono)	he/she/it asks	er/sie/es bittet
prosi (pan, pani)	you ask (sg, polite form)	Sie bitten
prosicie (wy)	you ask (pl)	ihr bittet
prosić	to ask (for something)	bitten
prosisz (ty)	you ask (sg)	du bittest
prosimy (my)	we ask	wir bitten
proszą (oni, one)	they ask	sie bitten
proszą (państwo)	you ask (pl, polite form)	Sie bitten
prosto	straight	geradeaus
Proszę.	1. May I have…, 2. Here you are., 3. Please.	Bitte.
proszę	I ask	ich bitte
Proszę czekać 10 minut.	Wait 10 minutes, please.	Bitte 10 Minuten warten.
Proszę iść prosto.	Go straight ahead.	Bitte geradeaus gehen.
Proszę na wynos.	To take away, please.	Zum Mitnehmen, bitte.

Proszę na miejscu.	To eat in, please.	Zum hier Essen, bitte.
Proszę powtórzyć.	Could you repeat that, please?	Bitte wiederholen.
Proszę przejść przez ulicę.	Go across the street.	Bitte über die Straße gehen.
Proszę rachunek.	May I have the bill, please?	Rechnung, bitte.
Proszę się zatrzymać.	Could you stop, please?/Stop.	Bitte aufhalten.
Proszę skręcić w prawo/w lewo.	Turn right/left.	Bitte rechts/links abbiegen.
Proszę wprowadzić PIN.	Please enter the PIN.	Bitte die PIN eingeben.
Proszę wziąć koszyk.	Please take a shopping basket.	Bitte den Einkaufskorb mitnehmen.
Proszę zaczekać.	Could you wait, please.	Bitte warten.
Proszę zawrócić.	Turn back.	Bitte umkehren.
protest	protest	Protest
prysznic	shower	Dusche
przechowalnia bagażu	luggage storage	Gepäckaufbewahrung
przedział	compartment	Abteil
przegrać	to lose	verlieren
przejść	to cross	überqueren, rübergehen
przeliterować	to spell	buchstabieren
przeprasza (on, ona, ono, pan/pani)	he/she/it apologizes	er/sie/es entschuldigt sich
przepraszacie (wy)	you apologize (pl)	ihr entschuldigt euch
przepraszać	to apologize	(sich) entschuldigen
przepraszają (oni, one)	they apologize	sie/Sie entschuldigen sich
przepraszają (państwo)	you apologize (pl, polite form)	Sie entschuldigen sich
Przepraszam!	Sorry!/Excuse me!	Entschuldigung!
przepraszamy (my)	we apologize	wir entschuldigen uns
przepraszasz (ty)	you apologize (sg)	du entschuldigst dich
przerwa	break	Pause
przez	across, through	über (die Straße), durch
przy	at, by	an
przyjazd (pociągu)	arrival (of the train)	(Zug)Ankunft
przymierzalnie (pl)	changing rooms	Umkleidekabinen
przystanek	(bus/tram) stop	Haltestelle
przystanek autobusowy/tramwajowy	bus/tram stop	Bus-/Straßenbahnhaltestelle
pstrąg	trout	Forelle
puzzle (pl)	puzzle	Puzzle
pytanie	question	Frage
R		
rachunek	bill	Rechnung
radio	radio	Radio
rajstopy (pl)	pantihose, tights	Strumpfhose
rakieta do tenisa	tennis racket	Tennisschläger
rano	morning	Morgen
raz	once	einmal
recepta	prescription	(ärztliches) Rezept
Reklamówki płatne 10 groszy.	Shopping bags are 0,10 zl.	Die Tüten kosten 10 Groschen.
remis	draw	unentschieden (Spielergebniss)
restauracja	restaurant	Restaurant
reszta	1. rest, 2. change	Rest
Reszta dla pana/pani.	Keep the change.	Der Rest ist für Sie.
rezerwacja	reservation, booking	Reservierung
ręka	hand	Hand
rękawiczki (pl)	gloves	Handschuhe
rodzaj biletu	type of ticket	Fahrkartensorte
rolki (pl)	rollerblades	Inline-Skates
rower	bicycle	Fahrrad
rozkład jazdy	timetable	Fahrplan
rozumieć	to understand	verstehen

rozumiem (ja)	I understand	ich verstehe
ryba, ryby (pl)	fish	Fisch
rynek	market (square)	Markt(platz)
ryż	rice	Reis
rząd	row	Reihe
rzeka	river	Fluss
rzut karny	penalty (kick)	Elfmeter
S		
sala dla niepalących	non-smoking section	Nichtraucherraum
sala dla palących	smoking section	Raucherraum
sałata	lettuce	Salat
sałatka	salad	gemischter Salat
samoobsługa	self-service	Selbstbedienung
są	they are	sie/Sie sind
schody (pl)	stairs	Treppe
sektor	section	Block
ser biały	white cheese	Quark
ser żółty	yellow cheese	Käse
serce	heart	Herz
serwetka	napkin	Serviette
sędzia	referee	Schiedsrichter
siedem	seven	sieben
siedemdziesiąt	seventy	siebzig
siedemnasty	the seventeenth	der siebzehnte
siedemnasta (godzina)	5 p.m.	siebzehn Uhr
siedemnaście	seventeen	siebzehn
siedemset	seven hundred	siebenhundert
siostra	sister	Schwester
siódmy	the seventh	der siebte
siódma (godzina)	7 a.m.	sieben Uhr
sklep	shop	Geschäft, Laden
skradziono mi…	my… has/have been stolen	mir wurde(n)… gestohlen
skręcić	to turn	abbiegen
skuter	scooter	(Motor)Roller, Moped
słońce	sun	Sonne
słuchać	to listen to	hören
Słucham?	Hello?	Hallo?
Smacznego!	Bon appetit!	Guten Appetit!
sobota	Saturday	Samstag
sok	juice	Saft
sok bananowy	banana juice	Bananensaft
sok jabłkowy	apple juice	Apfelsaft
sok pomarańczowy	orange juice	Orangensaft
solarium	solarium	Solarium
sól	salt	Salz
spektakl	spectacle, performance	Spektakel, Schauspiel
spodenki (pl)	shorts	kurze Hose
spodnie (pl)	trousers (BRIT), pants (US)	Hose
sposób płatności	method of payment	Art der Bezahlung
spódnica	skirt	Rock
sprawdzam (ja)	I check	ich prüfe nach
sprzedać	to sell	verkaufen
sprzedaż	sale	Verkauf
Sprzedaż alkoholu od lat 18.	Alcohol sold to persons over the age of 18.	Alkoholverkauf nur ab 18 Jahren.
sprzęt sportowy	sports equipment	Sportartikel
srebrny,-a,-e	silver	silbern

stacja	station	Station
stadion	stadium	Stadion
sto	hundred	hundert
stringi (pl)	thong	Stringtanga
strona	page	Seite
strój kąpielowy	swimming costume, swimsuit	Badeanzug
strój piłkarza	football kit	Fußballkleidung
studio	studio	Studio
sukces	success	Erfolg
sukienka	dress	Kleid
suszarka do włosów	hair dryer	Haartrockner
sweter	sweater	Pullover
syrop	syrup	Hustensaft
szachy (pl)	chess	Schach
szalik	scarf	Schal
szalik kibica	supporter's scarf	Fanschal
szampan	champagne	Sekt, Champagner
szampon do włosów	shampoo	Shampoo
szary,-a,-e	grey	grau
szatnia	cloakroom	Garderobe
szeryf	sheriff	Sheriff
szesnasty	the sixteenth	der sechzehnte
szesnasta (godzina)	4 p.m.	sechzehn Uhr
szesnaście	sixteen	sechzehn
sześć	six	sechs
sześćdziesiąt	sixty	sechzig
sześćset	six hundred	sechshundert
szklanka	(drinking) glass	Trinkglas
szósty	the sixth	der sechste
szósta (godzina)	6 a.m.	sechs Uhr
szpital	hospital	Krankenhaus
szuka (on, ona, ono, pan/pani)	he/she/it looks for	er/sie/es sucht
szukać	to seek, to look for	suchen
Szwajcaria	Switzerland	Schweiz
szynka	ham	Schinken
Ś		
śledź	herring	Hering
śliwki (pl)	plums	Pflaumen
śmietana	cream	Sahne
śniadanie	breakfast	Frühstück
środa	Wednesday	Mittwoch
środek	middle, centre	Mitte
świetnie	great, excellent	toll, super
T		
tabletki przeciwbólowe (pl)	painkillers	Schmerztabletten
tak	yes	ja
taksówka	taxi	Taxi
telefon	telephone	Telefon
talerz	plate	Teller
tam	there	dort
taryfa dzienna	day tariff	Tagtarif
taryfa nocna	night tariff	Nachttarif
taryfa świąteczna	holiday tariff	Feiertagtarif
teatr	theatre	Theater
telefon	telephone	Telefon
telefonować	to phone	telefonieren, anrufen

telewizor	TV set	Fernseher
temperatura	temperature	Temperatur
ten, ta, to	this, it	dieser,-e,-s
tenis	tennis	Tennis
teraz	now	jetzt
Teraz Polska	"Poland now" (name of drink)	„Polen jetzt" (Name eines Drinks)
termometr	thermometer	Thermometer
też	too, as well, also	auch
to	this	das, dieses
To wszystko.	That's all.	Das ist alles.
toalety (pl)	toilets	Toiletten
torebka	handbag	Handtasche
tradycyjne korale (pl)	traditional beads	traditionelle Korallen
tradycyjny,-a,-e	traditional	traditionell
tramwaj	tram	Straßenbahn
trener	coach, trainer	Trainer
trochę	a little	etwas, ein bisschen
truskawki (pl)	strawberries	Erdbeeren
trzeci	the third	der dritte
trzecia (godzina)	3 a.m.	drei Uhr
trzy	three	drei
trzydzieści	thirty	dreißig
Trzymaj się!	Take care!	Mach's gut!
trzynasty	the thirteenth	der dreizehnte
trzynasta (godzina)	1 p.m.	dreizehn Uhr
trzynaście	thirteen	dreizehn
trzysta	three hundred	dreihundert
tu	here	hier
turysta	tourist	Tourist
tutaj	here	hier
ty	you (sg)	du
tydzień	week	Woche
tylko	only, just	nur
typ	type	Typ
tysiąc, tysiące (pl)	thousand	Tausend
tytuł	title	Titel
U		
ubrania (pl)	clothes	Kleidung
ucho	ear	Ohr
ukośnik	slash	Schrägstrich
ulgowy,-a,-e	reduced	mit Ermäßigung
ulica	street	Straße
Unia Europejska	European Union	Europäische Union
uniwersytet	university	Universität
W		
w	in	in
wagon bez przedziałów	carriage without compartments	Wagen ohne Abteile
wagon z przedziałami	carriage with compartments	Abteilwagen
wagon z przedziałami dla niepalących	carriage with non-smoking compartments	Wagen mit Nichtraucher-Abteilen
wagon z przedziałami dla palących	carriage with smoking compartments	Wagen mit Raucher-Abteilen
w tym kierunku	in this direction	in diese Richtung
wagon	carriage	Zugwagen
walizka	suitcase	Koffer
waluta	currency	Währung
warzywa (pl)	vegetables	Gemüse
wczoraj	yesterday	gestern

weekend	weekend	Wochenende
wejście	entrance	Eingang
wersja oryginalna	original version	originale Version
wędliny (pl)	cold meat	Wurstwaren
widelec	fork	Gabel
wieczorem	in the evening	abends
wieczór	evening	Abend
wiedzieć	to know	wissen
Wielka Brytania	Great Britain	Großbritannien
wieprzowina	pork	Schweinefleisch
winda	lift (BRIT), elevator (US)	Lift
wino	wine	Wein
witraże (pl)	stained glass	Glasfenster
woda	water	Wasser
woda mineralna gazowana/niegazowana	sparkling/still mineral water	Mineralwasser mit Kohlensäure / ohne Kohlensäure
woda z lodem	water with ice	Wasser mit Eis
wolno	it is allowed, one can	man darf
wolny,-a,-e	free, single	frei
wołowina	beef	Rindfleisch
wódka	vodka	Wodka
wspaniały,-a,e	wonderful, splendid	wunderbar
wszystko	everything	alles
Wściekły pies	"Mad dog" (name of drink)	„Der bissige Hund" (Name eines Drinks)
wtorek	Tuesday	Dienstag
wy	you (pl)	ihr
wydarzenia kulturalne (pl)	cultural events	kulturelle Ereignisse
wydarzenia sportowe (pl)	sports events	sportliche Ereignisse
wygrać	to win	gewinnen
wyjazd	departure	Abfahrt
wyjście	exit	Ausgang
wyjście ewakuacyjne	emergency exit	Notausgang
wymienić	to exchange	wechseln
Wyprzedaż letniej kolekcji	Summer collection final sale	Sommerschlussverkauf
wystawa	exhibition	Ausstellung
wzrost	height	Größe, Körpergröße
Z		
z	with, from	mit, aus
z lodem	with ice	mit Eis
zablokować	to block	sperren
zamawiać	to order	bestellen
zamknąć	to close	schließen
zamówić	to order	bestellen
zapalniczka	(cigarette) lighter	Feuerzeug
zapłacić	to pay	bezahlen
zapomniałam (ja)	I forgot (female form)	ich habe vergessen (weibliche Form)
zapomniałem (ja)	I forgot (male form)	ich habe vergessen (männliche Form)
zapraszamy (my)	we invite	wir laden ein
zarezerwować	to reserve, to book	reservieren
zawrócić	to turn back	wenden
ząb, zęby (pl)	tooth	Zahn
zegar	clock	Uhr
zegarek	watch	Armbanduhr
zegarek na rękę	wristwatch	Armbanduhr
zepsuć się	to break down, to get spoiled	ausfallen, kaputtgehen
zepsuty,-a,-e	spoiled, broken	kaputt, defekt

zero	zero	Null
zgubić	to lose	verlieren
zielony,-a,-e	green	grün
ziemniaki (pl)	potatoes	Kartoffeln
zimny,-a,-e	cold	kalt
złotówka	zloty (Polish currency)	Zloty (Währung in Polen)
złoty, złote (pl)	zloty (Polish currency)	Zloty (Währung in Polen)
znaczek, znaczki (pl)	stamp	Briefmarke
zremisować	to draw, to tie	unentschieden spielen
zupa	soup	Suppe
zupa pomidorowa	tomato soup	Tomatensuppe
Zwrot tylko za okazaniem paragonu.	Receipt required to return merchandise.	Rückgabe nur mit Kassenbon.
Ź		
źle	bad, badly, wrong	schlecht, falsch
Źle słyszę.	I hear badly.	Ich höre schlecht.
źrebak	foal	Fohlen
źrenica	pupil (part of eye)	Pupille
Ż		
że	that	dass
żółta kartka	yellow card	gelbe Karte
żółty,-a,-e	yellow	gelb
żubrówka	Bison Brand Vodka	polnischer Wodka „Grasovka"
żur(ek)	soup made of fermented rye flour	Sauermehlsuppe

SŁOWNICZEK FONETYCZNY (ENG)
PRONUNCIATION GLOSSARY

ENGLISH	JĘZYK POLSKI	PRONUNCIATION
@	małpa	**maw**·pa
A		
a few	kilka	**keel**·ka
a little	trochę	**tro**·khe
a lot	dużo	**doo**·zho
about	o	o
accessories	galanteria	ga·lan·**ter**·ya
accurately	dokładnie	do·**kwa**·dnye
across	przez	pshes
address	adres	**a**·dres
after	po	po
air conditioning	Klimatyzac ja	klee·ma·ti·**za**·tsya
airport	lotnisko	lot·**nees**·ko
album	album	**al**·boom
alcoholic drinks	alkohole	al·ko·**kho**·le
allergy	alergia	a·**ler**·gya
alley	aleja	a·**le**·ya
alphabet	alfabet	al·**fa**·bet
already	już	yoosh
also	też	tesh
amber	bursztyn	**boorsh**·tin
amber jewellery	biżuteria z bursztynu	bee·zhoo·**ter**·ya z boorsh·**ti**·noo
analysis	analiza	a·na·**lee**·za
and	i	ee
and	a	a
antibiotic	antybiotyk	an·ti·**byo**·tik
Anything else?	Coś jeszcze?	tsosh **yesh**·che
apartment	apartament	a·par·**ta**·ment
to apologize	przepraszać	pshe·**pra**·shach
apple juice	sok jabłkowy	sok yap·**ko**·vi
apples	jabłka	**yap**·ka
aquarium	akwarium	a·**kfa**·ryoom
arrival (of the train)	przyjazd (pociągu)	**pshi**·yazt
article	artykuł	ar·**ti**·koow
as well	też	tesh
ashtray	popielniczka	po·pyel·**neech**·ka
to ask (for something)	prosić	**pro**·sheech
aspirin	aspiryna	a·spee·**ri**·na
at	przy	pshi
ATM	bankomat	ban·**ko**·mat
avenue	aleja	a·**le**·ya
B		
baguette	bagietka	ba·**gye**·tka
balcony	balkon	**bal**·kon
ball	piłka	**peew**·ka
ballpoint pen	długopis	dwoo·**go**·pees
banana	banan, banany	**ba**·nan
banana juice	sok bananowy	sok ba·na·**no**·vi
bandage	bandaż	**ban**·dash
bandaid	plaster	**plas**·ter

bank	bank	bank
bank note	banknot	**bank**·not
bargain	okazja	o·**ka**·zya
bathroom	łazienka	wa·**zhyen**·ka
to be	być	bich
to be called/named	nazywać się	na·**zi**·vach shye
beads	korale	ko·**ra**·le
because	bo	bo
beef	wołowina	vo·wo·**vee**·na
beer	piwo	**pee**·vo
beer with syrup	piwo z sokiem	**pee**·vo z **so**·kyem
beetroot soup	barszcz	barshch
belly	brzuch	bzhookh
belt	pasek	**pa**·sek
best	najlepiej	nay·**le**·pyey
bicycle	rower	**ro**·ver
big	duży	**doo**·zhi
bill	rachunek	ra·**khoo**·nek
birth date	data urodzenia	**da**·ta oo·ro·**dze**·nya
birth place	miejsce urodzenia	**myeys**·tse oo·ro·**dze**·nya
biscuits	ciastka	**chyast**·ka
Bison Brand Vodka	żubrówka	zhoo·**broof**·ka
black	czarny	**char**·ni
to block	zablokować	za·blo·**ko**·vach
blouse	bluzka	**bloos**·ka
blue	niebieski	nye·**byes**·kee
Bon appetit!	Smacznego!	sma·**chne**·go
to book	zarezerwować	za·re·zer·**vo**·vach
booking	rezerwacja	re·zer·**va**·tsya
bottle of wine	butelka wina	boo·**tel**·ka **vee**·na
boxer shorts	bokserki	bo·**kser**·kee
bra	biustonosz	byoo·**sto**·nosh
bracelet	bransoletka	bran·zo·**let**·ka
bread	chleb	khlep
bread roll	bułka	**boow**·ka
break	przerwa	**psher**·va
to break down	zepsuć się	**zep**·sooch shye
breakfast	śniadanie	shnya·**da**·nye
briefs	majtki	**mayt**·kee
broken	zepsuty	zep·**soo**·ti
broker	broker	**bro**·ker
brown	brązowy	bron·**zo**·vi
Bulgaria	Bułgaria	boow·**gar**·ya
bureau de change	kantor	**kan**·tor
bus	autobus	auw·**to**·boos
bus station	dworzec autobusowy	**dvo**·zhets auw·to·boo·**so**·vi
bus stop	przystanek autobusowy	pshis·**ta**·nek auw·to·boo·**so**·vi
businessman	biznesmen	beez·**nes**·men
but	ale, lecz	**a**·le, lech
butter	masło	**mas**·wo
to buy	kupować, kupić	**koo**·peech, koo·**po**·vach
by	przy	pshi
Bye!	Cześć!	cheshch
C		
cabbage	kapusta	ka·**poos**·ta
café	kawiarnia	ka·**vyar**·nya

cake	ciasto	**chyas**·to
camcorder	kamera	ka·**me**·ra
camera	aparat fotograficzny	a·**pa**·rat fo·to·gra·**fich**·ni
can, to be able to	móc	moots
Can I have the salt, please?	Czy mogę prosić sól?	chi **mo**·ge **pro**·sheech sool
Can I pay by credit card / in cash?	Czy mogę zapłacić kartą / gotówką?	chi **mo**·ge za·**pwa**·cheech **kar**·tom / go·**toof**·kom
cancelled	odwołany	od·vo·**wa**·ni
captain	kapitan	ka·**pee**·tan
car keys	kluczyki do samochodu	kloo·**chi**·kee do sa·mo·**kho**·doo
car park	parking	**par**·keeng
carp	karp	karp
to carry	nieść, dźwigać	nieshch, **dzwee**·gach
carriage	wagon	**va**·gon
carriage with compartments	wagon z przedziałami	**va**·gon z pshe·jya·**wa**·mee
carriage with non-smoking compartments	wagon z przedziałami dla niepalących	**va**·gon z pshe·jya·**wa**·mee dla nye·pa·**lon**·tsikh
carriage with smoking compartments	wagon z przedziałami dla palących	**va**·gon z pshe·jya·**wa**·mee dla pa·**lon**·tsikh
carriage without compartments	wagon bez przedziałów	**va**·gon bes pshe·**jya**·woof
carrot	marchewka	mar·**hef**·ka
cash	gotówka	go·**toof**·ka
cash card	karta bankomatowa	**kar**·ta ban·ko·ma·**to**·va
cash desk	kasa	**ka**·sa
cash machine	bankomat	ban·**ko**·mat
cash register	kasa	**ka**·sa
catalogue	katalog	ka·**ta**·log
catarrh	katar	**ka**·tar
CD	kompakt	**kom**·pakt
CDs with music	płyty z muzyką	**pwi**·ti z moo·**zi**·kom
centre	centrum	**tsen**·troom
ceramics	ceramika	tse·ra·**mee**·ka
champagne	szampan	**sham**·pan
change	reszta	**resh**·ta
changing rooms	przymierzalnie	pshi·mye·**zhal**·nye
(white) cheese	ser biały	ser **bya**·wi
(yellow) cheese	ser żółty	ser **zhoow**·ti
chemistry	chemia	**khe**·mya
chess	szachy	**sha**·khi
chewing gum	guma do żucia	**goo**·ma do **zhoo**·chya
chicken	kurczak	**koor**·chak
chips	frytki	**frit**·kee
chocolate	czekolada	che·ko·**la**·da
cigarette lighter	zapalniczka	za·pal·**neech**·ka
cigarettes	papierosy	pa·pye·**ro**·si
cinema	kino	**kee**·no
city	miasto	**myas**·to
class	klasa	**kla**·sa
classroom	klasa	**kla**·sa
cloakroom	szatnia	**shat**·nya
clock	zegar	**ze**·gar
close	blisko	**blee**·sko
to close	zamknąć	**zam**·knonch
closed	nieczynny	nye·**chin**·ni
clothes	ubrania	oo·**bra**·nya

coach	trener	**tre**·ner
coach station	dworzec autobusowy	**dvo**·zhets auw·to·boo·**so**·vi
coat	płaszcz	pwashch
cocoa	kakao	ka·**ka**·o
coffee shop	kawiarnia	ka·**vyar**·nya
coffee	kawa	**ka**·va
coin	moneta	mo·**ne**·ta
cold	zimny	**zheem**·ni
cold meat	wędliny	ven·**dlee**·ni
colour	kolor	**ko**·lor
compartment	przedział	**pshe**·jiaw
computer	komputer	kom·**poo**·ter
contact	kontakt	**kon**·takt
cookies	ciastka	**chyast**·ka
correct	dobrze	**dob**·zhe
corridor	korytarz	ko·**ri**·tash
to cost	kosztować	kosh·**to**·vach
cough	kaszel	**ka**·shel
Could you repeat, please.	Proszę powtórzyć.	**pro**·she pov·**too**·zhich
Could you stop, please.	Proszę się zatrzymać.	**pro**·she shye za·**tshi**·mach
Could you wait, please.	Proszę zaczekać.	**pro**·she za·**che**·kach
country	kraj	kray
course	kurs	koors
cream	śmietana	shmye·**ta**·na
credit card	karta kredytowa	**kar**·ta kre·di·**to**·va
to cross	przejść	psheyshch
crown	korona	ko·**ro**·na
cucumbers	ogórki	o·**goor**·kee
cultural events	wydarzenia kulturalne	vi·da·**zhe**·nya kool·too·**ral**·ne
currency	waluta	va·**loo**·ta
current	aktualny	ak·too·**al**·ni
cutlet, chop	kotlet	**kot**·let
D		
dairy products	nabiał	**na**·biaw
dash	myślnik	**mishl**·neek
date	data	**da**·ta
day	dzień	jyen
day tariff	taryfa dzienna	ta·**ri**·fa **jyen**·na
days of the week	dni tygodnia	dnee ti·**go**·dnya
debit card	karta bankomatowa	**kar**·ta ban·ko·ma·**to**·va
delayed	opóźniony	o·poozh·**nyo**·ni
dentist	dentysta	den·**tis**·ta
to depart	odjeżdżać	od·**yezh**·jach
departure date	data wyjazdu	**da**·ta vi·**yaz**·doo
direction	kierunek	kye·**roo**·nek
disco	disco	**dees**·ko
disco	dyskoteka	dees·ko·**te**·ka
Do you…	Czy…	chi
doctor	doktor, lekarz	**do**·ktor, **le**·kash
document	dokument	do·**koo**·ment
dollar	dolar	**do**·lar
dolls (in regional costume)	lalki (w strojach regionalnych)	**lal**·kee v **stro**·yakh re·gyo·**nal**·nikh
door	drzwi	dzhvee

dot	kropka	**krop**·ka
double	podwójny	pod·**vooy**·ni
double room	pokój dwuosobowy	**po**·kooy dvoo·o·so·**bo**·vi
draw	remis	**re**·mees
to draw	zremisować	zre·mee·**so**·vach
dress	sukienka	soo·**kyen**·ka
to drink	pić	peech
to drive	jechać	**ye**·**khach**
driving license	prawo jazdy	**pra**·vo **yaz**·di
drops	krople	**kro**·ple
dubbed film	film z dubbingiem	feelm z da·**been**·gyem
dubbing	dubbing	**da**·beeng
duck	kaczka	**kach**·ka
dumplings	pierogi	pye·**ro**·gee
dumplings with blueberries	pierogi z jagodami	pye·**ro**·gee z ya·go·**da**·mee
dumplings with strawberries	pierogi z truskawkami	pye·**ro**·gee z troos·kaf·**ka**·mee
dumplings with sweet cheese	pierogi z serem	pye·**ro**·gee z **se**·rem
E		
ear	ucho	**oo**·kho
earrings	kolczyki	kol·**chi**·kee
to eat	jeść	yeshch
eggs	jajka	**yay**·ka
eight	osiem	**o**·shyem
eight hundred	osiemset	o·**shyem**·set
eighteen	osiemnaście	o·shyem·**nash**·chye
eighty	osiemdziesiąt	o·shyem·**jye**·shont
elbow pads	ochraniacze na łokcie	o·khra·**nya**·che na **wok**·chye
elevator	winda	**veen**·da
eleven	jedenaście	ye·de·**nash**·chye
eleventh	jedenasty	ye·de·**nas**·ti
embroidered tablecloths	haftowane obrusy	haf·to·**va**·ne o·**broo**·si
emergency exit	wyjście ewakuacyjne	**viysh**·chye e·va·koo·a·**tsiy**·ne
employee	pracownik	pra·**tsov**·neek
Enter the PIN, please.	Proszę wprowadzić PIN.	**pro**·she fpro·**va**·jyeech peen
entrance	wejście	**veysh**·chye
envelope	koperta	ko·**per**·ta
espresso	espresso	es·**pre**·so
estate	osiedle	o·**shye**·dle
euro	euro	**ew**·ro
Europe	Europa	ew·**ro**·pa
European Union	Unia Europejska	**oo**·nya ew·ro·**pey**·ska
evening	wieczór	**vye**·choor
everything	wszystko	**fshist**·ko
exactly	dokładnie	do·**kwa**·dnye
excellent	świetnie	**shfye**·tnye
to exchange	wymienić	vi·**mye**·nyach
exchange office	kantor	**kan**·tor
exchange rate	kurs	koors
Excuse me!	Przepraszam!	pshe·**pra**·sham
exfoliation	peeling	**pee**·leenk
exhibition	wystawa	vis·**ta**·va
exit	wyjście	**viysh**·chye

exit (for vehicles)	wyjazd	**vi**·yast
eye	oko	**o**·ko
eye colour	kolor oczu	**ko**·lor **o**·choo
F		
facelift	lifting	**leef**·teenk
far	daleko	da·**le**·ko
fax	fax	faks
fever	gorączka	go·**ronch**·ka
fifteen	piętnaście	pyent·**nash**·che
fifth	piąty	**pyon**·ti
fifty	pięćdziesiąt	pyen·**jye**·shont
film	film	feelm
first	pierwszy	**pyerf**·shi
first floor	parter	**par**·ter
first half	pierwsza połowa	**pyerf**·sha po·**wo**·va
fish	ryba	**ri**·ba
five	pięć	pyench
five hundred	pięćset	**pyench**·set
flip-flops	klapki	**klap**·kee
flour	mąka	**mon**·ka
foal	źrebak	**zhre**·bak
food	jedzenie	ye·**dze**·nye
football	piłka nożna	**peew**·ka **nozh**·na
footballer	piłkarz	**peew**·kash
football match	mecz piłki nożnej	mech **peew**·kee **nozh**·nay
football fan	kibic	**kee**·beets
football socks	getry	**ge**·tri
football outfit	strój piłkarza	strooy peew·**ka**·zha
for	dla	dla
for example	na przykład	na **pshi**·kwat
For how many days?	Na ile dni?	na **ee**·le dnee
for me	dla mnie	dla mnye
for non-smokers	dla niepalących	dla nye·pa·**lon**·tsikh
for smokers	dla palących	dla pa·**lon**·tsikh
fork	widelec	vee·**de**·lets
forty	czterdzieści	chter·**jyesh**·chee
foul	faul	**fa**·ool
four	cztery	**chte**·ri
four hundred	czterysta	chte·**ri**·sta
fourteen	czternaście	chter·**nash**·chye
fourth	czwarty	**chfar**·ti
frankfurters	parówki	pa·**roof**·kee
free	wolny	**vol**·ni
Friday	piątek	**pyon**·tek
fries	frytki	**frit**·kee
from	od	ot
fruit	owoce	o·**vo**·tse
to function	działać	**jya**·wach
G		
glass	szklanka	**shklan**·ka
glass of wine	kieliszek wina	kye·**lee**·shek **vee**·na
glass paintings	obrazki malowane na szkle	ob·**raz**·kee ma·lo·**va**·ne na shkle
glasses	okulary	o·koo·**la**·ri
gloves	rękawiczki	ren·ka·**veech**·kee
to go	iść	eeshch

Go across the street.	Proszę przejść przez ulicę.	**pro**·she **pshey**·shch pshes u·**li**·tze
Go straight ahead.	Proszę iść prosto.	**pro**·she eeshch **pro**·sto
goal	1. bramka, 2. gol	1. **bram**·ka, 2. gol
goal keeper	bramkarz	**bram**·kash
goggles	gogle	**go**·gle
good	dobry	**do**·bri
good	dobrze	**dob**·zhe
Good afternoon!	Dzień dobry!	jyen' **do**·bri!
Good evening!	Dobry wieczór!	**do**·bri **vye**·choor
Good morning!	Dzień dobry!	jyen' **do**·bri
Goodbye!	Do widzenia!	do vee·**dze**·nya
Goodnight!	Dobranoc!	do·**bra**·nots
Great Britain	Wielka Brytania	**vyel**·ka bri·**ta**·nya
great	świetnie	**shfye**·tnye
green	zielony	zhye·**lo**·ni
grey	szary	**sha**·ri
grosz	grosz	grosh
ground floor	parter	**par**·ter
H		
hair dryer	suszarka do włosów	soo·**shar**·ka do **vwo**·soof
half	połowa	po·**wo**·va
ham	szynka	**shin**·ka
hamburger	hamburger	ham·**boor**·ger
hand	ręka	**ren**·ka
handbag	torebka	to·**rep**·ka
hazel (eye colour)	piwny	**peev**·ni
hat	czapka	**chap**·ka
hat	kapelusz	ka·**pe**·loosh
hat in the national colours: white and red	kapelusz w barwach biało-czerwonych	ka·**pe**·loosh w **bar**·vakh **bya**·wo cher·**vo**·nikh
to have	mieć	myech
he	on	on
head	głowa	**gwo**·va
health problems	problemy zdrowotne	pro·**ble**·mi zdro·**vo**·tne
heart	serce	**ser**·tse
heating	ogrzewanie	o·gzhe·**va**·nye
height	wzrost	vzrost
Hello!	1. Cześć!, 2. Halo!	1. cheshch, 2. **ha**·lo
Hello?	Słucham?	**swoo**·kham
helmet	kask	kask
Help!	Pomocy!	po·**mo**·tsi
to help	pomóc	**po**·mots
here	tu, tutaj	too, **too**·tai
Here you are.	Proszę.	**pro**·she
herring	śledź	shlej
Hi!	Hej!	hay
hockey	hokej	**ho**·kay
holding company	holding	**hol**·deenk
holiday tariff	taryfa świąteczna	ta·**ri**·fa shfeeon·**tech**·na
horse	koń	kon'
hospital	szpital	**shpee**·tal
hot dog	hot dog	**hot** dog
hotel	hotel	**ho**·tel
hour	godzina	go·**jee**·na
how	jak	yak

how many	ile	**ee**·le
how much	ile	**ee**·le
How much do these… cost?	Ile kosztują…?	**ee**·le kosh·**too**·yom
How do you say that in Polish?	Jak to powiedzieć po polsku?	yak to po·**vye**·jyeech po **pol**·skoo
hundred	sto	sto
to hurt	boleć	**bo**·lech
I		
I	ja	ya
I am	jestem	**yes**·tem
I don't know.	Nie wiem.	nye vyem
I don't understand.	Nie rozumiem.	nye ro·**zoo**·myem
I hear badly.	Źle słyszę.	zhle **swi**·she
I would like to exchange…	Chcę wymienić…	khtse vi·**mye**·neech
I would like to order…	Chcę zamówić…	khtse za·**moo**·veech
ice skates	łyżwy	**wizh**·vi
ID	dowód osobisty	**do**·vood o·so·**bees**·ti
ill	chory	**kho**·ri
in	w	v
in Polish	po polsku	po **pol**·skoo
in the afternoon	po południu	po po·**wood**·dnyoo
in the evening	wieczorem	vye·**cho**·rem
in this direction	w tym kierunku	v tim kye·**roon**·koo
information	informacja	een·for·**ma**·tsya
Internet	Internet	een·**ter**·net
it	ono	**o**·no
J		
jacket	kurtka	**koor**·tka
jam	dżem	jem
jeans	dżinsy	**jeen**·si
jewellery	biżuteria	bee·zhoo·**ter**·ya
jockey	dżokej	**jo**·kay
judo	dżudo	**joo**·do
juice	sok	sok
jungle	dżungla	**joon**·gla
just	tylko	**til**·ko
K		
Keep the change.	Reszta dla pana / pani.	**resh**·ta dla **pa**·na / **pa**·nee
kettle	czajnik	**chay**·neek
key	klucz	klooch
kilometer	kilometr	kee·**lo**·metr
kiosk	kiosk	kyosk
knee pads	ochraniacze na kolana	o·khra·**nya**·che na ko·**la**·na
knife	nóż	noosh
to know	wiedzieć	**vye**·jyech
L		
lace	koronkowy	ko·ron·**ko**·vi
lace doilies	koronkowe serwetki	ko·ron·**ko**·ve ser·**vet**·kee
lamp	lampa	**lam**·pa
language	język	**yen**·zik
late	opóźniony	o·**poozh**·**nyo**·ni
later	później	**poozh**·nyey
to leave (by vehicle)	odjeżdżać	od·**yezh**·jach
left	(na) lewo	(na) **le**·vo
leg	noga	**no**·ga
lemon	cytryna	tsi·**tri**·na

lettuce	sałata	sa·**wa**·ta
lift	winda	**veen**·da
to listen	słuchać	**swoo**·khach
location	lokalizacja	lo·ka·lee·**za**·tsya
to look for	szukać	**shoo**·kach
to lose	1. przegrać, 2. zgubić	1. **pshe**·grach, 2. **zgoo**·beech
luggage storage	przechowalnia bagażu	pshe·kho·**val**·nya ba·**ga**·zhoo
M		
"Mad dog" (name of drink)	Wściekły pies	**fshche**·kwi pies
mail	poczta	**poch**·ta
man	mężczyzna	mensh·**chiz**·na
manager	manager	me·**ne**·jer
many	dużo	**doo**·zho
map	mapa	**ma**·pa
market (square)	rynek	**ri**·nek
masculine	męski	**mens**·kee
match	mecz	mech
May I have…	Proszę…	**pro**·she
May I have the bill, please.	Proszę rachunek.	**pro**·she ra·**khoo**·nek
May I smoke here?	Czy tu wolno palić?	chi too **vol**·no **pa**·leech
maybe	może	**mo**·zhe
meat	mięso	**myen**·so
meat dumplings	pierogi z mięsem	pye·**ro**·gee z **myen**·sem
mechanic	mechanik	me·**kha**·neek
medicine	lekarstwo	le·**kar**·stfo
menu	karta dań	**kar**·ta dan'
meter	metr	metr
method of payment	sposób płatności	**spo**·soob pwat·**no**·shchee
middle	środek	**shro**·dek
milk	mleko	**mle**·ko
mine	mój, moja, moje	mooy, **mo**·ya, **mo**·ye
minus	minus	**mee**·noos
moment	moment	**mo**·ment
Monday	poniedziałek	po·nye·**jya**·wek
money	pieniądze	pye·**nyon**·dze
morning	rano	**ra**·no
Mr.	pan	pan
Mr. and Mrs.	państwo	**pan'**·stfo
Mrs.	pani	**pa**·nee
mug	kubek	**koo**·bek
museum	muzeum	moo·**ze**·oom
music	muzyka	moo·**zi**·ka
music club	klub muzyczny	kloob moo·**zi**·chni
mutton	baranina	ba·ra·**nee**·na
My… has/have been stolen.	Skradziono mi…	skra·**jyo**·no mee
my… hurt(s)	boli/bolą mnie…	**bo**·lee/ **bo**·lom mnye
my name is	nazywam się (ja)	na·**zi**·vam shye
my	mój, moja, moje	mooy, **mo**·ya, **mo**·ye
N		
name	imię	**ee**·mye
napkin	serwetka	ser·**vet**·ka
near	blisko	**blee**·sko
neclace	naszyjnik	na·**shiy**·neek
negotiations	negocjacje	ne·go·**tsya**·tsye
new	nowy	**no**·vi

newspaper	gazeta	ga·**ze**·ta
nice	miło	**mee**·wo
Nice to meet you.	Miło mi.	**mee**·wo mee
night tariff	taryfa nocna	ta·**ri**·fa **nots**·na
nine	dziewięć	**jye**·vyench
nine hundred	dziewięćset	jye·**vyench**·set
nineteen	dziewiętnaście	jye·vyet·**nash**·chye
ninety	dziewięćdziesiąt	jye·vyen·**jye**·shont
ninth	dziewiąty	jyev·**yon**·ti
no	nie	nye
non-alcoholic	bezalkoholowy	bez·al·ko·ho·**lo**·vi
non-alcoholic drinks	napoje bezalkoholowe	na·**po**·ye bez·al·ko·kho·**lo**·ve
non-smoker	niepalący	nye·pa·**lon**·tsi
non-smoking section	sala dla niepalących	**sa**·la dla nye·pa·**lon**·tsich
normal fare	bilet normalny	**bee**·let nor·**mal**·ni
Norway	Norwegia	nor·**ve**·gya
nothing	nic	neets
now	teraz	**te**·ras
number	numer, liczba	**noo**·mer, **leech**·ba
O		
obviously	oczywiście	o·chi·**veesh**·chye
of course	oczywiście	o·chi·**veesh**·chye
to offer	proponować	pro·po·**no**·vach
official	oficjalny	o·feets·**yal**·ni
ointment	maść	mashch
on	na	na
once	raz	ras
one	jeden	**ye**·den
onion	cebula	tse·**boo**·la
only	tylko	**til**·ko
to open	otworzyć	o·**tvo**·zhich
open from… to…	czynne od… do…	**chin**·ne od… do…
opera	opera	**o**·pe·ra
or	lub	loop
orange juice	sok pomarańczowy	sok po·ma·ran'·**cho**·vi
to order	zamawiać, zamówić	za·**ma**·vyach, za·**moo**·vych
original version	wersja oryginalna	**ver**·sya o·ri·gee·**nal**·na
P		
page	strona	**stro**·na
painkillers	tabletki przeciwbólowe	tab·**let**·kee pshe·cheev·boo·**lo**·ve
paintings	obrazki	o·**bras**·kee
pancakes	naleśniki	na·lesh·**nee**·kee
panties	majtki	**mayt**·kee
pantihose	rajstopy	ray·**sto**·pi
pants	spodnie	**spod**·nye
Pardon?	Słucham?	**swoo**·kham
parents' names	imiona rodziców	ee·**myo**·na ro·**jee**·tsoof
park	park	park
parsley	pietruszka	pyet·**roosh**·ka
parsnip	pietruszka	pyet·**roosh**·ka
passport	paszport	**pash**·port
pasta	makaron	ma·**ka**·ron
to pay	płacić, zapłacić	**pwa**·cheech

Payable in cash only.	Płatność tylko gotówką.	**pwat**·noshch **til**·ko go·**toof**·kom
payment	płatność	**pwat**·noshch
pea	groch	grokh
pears	gruszki	**groosh**·kee
penalty kick	rzut karny	zhoot **kar**·ni
pepper	pieprz	pyepsh
performance	spektakl	**spek**·takl
perfume	perfumy	per·**foo**·mi
perhaps	może	**mo**·zhe
pharmacy	apteka	ap·**te**·ka
philosophy	filozofia	fee·lo·**zo**·fya
to phone	telefonować	te·le·fo·**no**·vach
phonecard	karta telefoniczna	**kar**·ta te·le·fo·**nee**·chna
photobooks about Poland	albumy o Polsce	al·**boo**·mi o **pol**·stse
pizza	pizza	**peets**·tsa
place	miejsce	**myey**·stse
plan	plan	plan
plate	talerz	**ta**·lesh
platform	peron	**pe**·ron
Please.	Proszę.	**pro**·she
plums	śliwki	**shleef**·kee
plus	plus	ploos
Poland	Polska	**pol**·ska
„Poland now" (name of drink)	Teraz Polska	**te**·ras **pol**·ska
Polish	polski	**pol**·skee
politician	polityk	po·**lee**·tik
pork	wieprzowina	vyep·sho·**vee**·na
pork chop	kotlet schabowy	**kot**·let skha·**bo**·vi
post office	poczta	**poch**·ta
postcard	pocztówka	poch·**toof**·ka
potatoes	ziemniaki	zhyem·**nya**·kee
poultry	drób	droop
pound	funt	foont
prescription	recepta	re·**tse**·pta
prescription medicine	lekarstwo na receptę	le·**kar**·stfo na re·**tse**·pte
president	prezydent	pre·**zi**·dent
price	cena	**tse**·na
problem	problem	**pro**·blem
protest	protest	**pro**·test
pupil (part of eye)	źrenica	zhre·**nee**·tsa
purchase	kupno	**koo**·pno
puzzle	puzzle	**pooz**·le
pyjamas	piżama	pee·**zha**·ma
question	pytanie	pi·**ta**·nye
R		
radio	radio	**ra**·dio
railway station	dworzec kolejowy	**dvo**·zhets ko·le·**yo**·vi
rates of exchange	kursy walut	**koor**·si **va**·loot
Receipt required to return merchandise.	Zwrot tylko za okazaniem paragonu.	zvrot **til**·ko za o·ka·**za**·nyem pa·ra·**go**·noo
receipt	rachunek	ra·**khoo**·nek
to recommend	polecać	po·**le**·tsach
red	czerwony	cher·**vo**·ni
red card	czerwona kartka	cher·**vo**·na **kar**·tka

reduced	ulgowy	ool·**go**·vi
reduced fare	bilet ulgowy	**bee**·let ool·**go**·vi
referee	sędzia	**sen**·jya
registration document	dowód rejestracyjny	**do**·vood re·yes·tra·**tsiy**·ni
remaining	pozostały	po·zos·**ta**·wi
remote control	pilot	**pee**·lot
to repeat	powtórzyć	po·**vtoo**·zhich
reservation	rezerwacja	re·zer·**va**·tsya
to reserve	zarezerwować	za·re·zer·**vo**·vach
restaurant	restauracja	res·tauw·**ra**·tsya
rice	ryż	rish
right	prawo	**pra**·vo
ring	pierścionek	pyersh·**chyo**·nek
river	rzeka	**zhe**·ka
roller blades	rolki	**rol**·kee
room	pokój	**po**·kooy
row	rząd	zhont
rucksack	plecak	**ple**·tsak
runny nose	katar	**ka**·tar
S		
salad	sałatka	sa·**wat**·ka
sale	sprzedaż	**spshe**·dash
salmon	łosoś	**wo**·sosh
salt	sól	sool
Saturday	sobota	so·**bo**·ta
sausage	kiełbasa	kyew·**ba**·sa
to say	mówić	**moo**·veech
scarf	szalik	**sha**·leek
scooter	skuter	**skoo**·ter
seat reservation	miejscówka	myey·**stsoov**·ka
second	drugi	**droo**·gee
second half	druga połowa	**dro**o·ga po·**wo**·va
to seek	szukać	**shoo**·kach
See you later!	Na razie!	na **ra**·zhe
See you tomorrow!	Do jutra!	do **yoo**·tra
See you!	Do zobaczenia!	do zo·ba·**che**·nya
self-service	samoobsługa	sa·mo·op·**swoo**·ga
to sell	sprzedać	**spshe**·dach
seven	siedem	**shye**·dem
seven hundred	siedemset	shye·**dem**·set
seventeen	siedemnaście	shye·dem·**nash**·chye
seventy	siedemdziesiąt	shye·dem·**jye**·shont
sex (male / female)	płeć	pwech
shampoo	szampon do włosów	**sham**·pon do **vwo**·soof
she	ona	**o**·na
sheet of paper	kartka	**kar**·tka
sheriff	szeryf	**she**·rif
shirt	koszula	ko·**shoo**·la
shoes	buty	**boo**·ti
shop	sklep	sklep
shopping centre	centrum handlowe	**tsen**·troom han·**dlo**·ve
shopping night	noc zakupów	nots za·**koo**·poof
shorts	spodenki	spo·**den**·kee
shower	prysznic	**prish**·neets
silver	srebrny	**srebr**·ni

single room	pokój jednoosobowy	**po**·kooy ye·dno·o·so·**bo**·vi
sister	siostra	**shyos**·tra
six	sześć	sheshch
six hundred	sześćset	**sheshch**·set
sixteen	szesnaście	shes·**nash**·chye
sixth	szósty	**shoos**·ti
sixty	sześćdziesiąt	shesh·**jye**·shont
skateboard	deskorolka	de·sko·**rol**·ka
ski poles	kijki narciarskie	**kee**y·kee nar·**chya**r·skie
skirt	spódnica	spood·**nee**·tsa
skis	narty	**nar**·ti
slash	ukośnik	oo·**kosh**·neek
small	mały	**ma**·wi
small change	drobne	**drob**·ne
to smoke	palić	**pa**·leech
smoking section	sala dla palących	**sa**·la dla pa·**lon**·tsich
snowboard	deska snowboardowa	**des**·ka snow·bor·**do**·va
soccer	piłka nożna	**peew**·ka **nozh**·na
soft drink	napój	**na**·pooy
solarium	solarium	so·**la**·ryoom
something	coś	tsosh
something to drink	coś do picia	tsosh do **pee**·chya
something to eat	coś do jedzenia	tsosh do ye·**dze**·nya
Sorry!	Przepraszam!	pshe·**pra**·sham
sound	dźwięk	dzvyenk
soup	zupa	**zoo**·pa
souvenirs	pamiątki	pa·**myont**·kee
sparkling mineral water	woda mineralna gazowana	**vo**·da mee·ne·**ral**·na ga·zo·**va**·na
special offer	promocja	pro·**mo**·tsya
to spell	przeliterować	pshe·lee·te·**ro**·vach
spelling	literowanie	lee·te·ro·**va**·nye
splendid	wspaniały	vspa·**nya**·wi
spoon	łyżka	**wish**·ka
sports equipment	akcesoria sportowe / sprzęt sportowy	a·ktse·**so**·rya spor·**to**·ve / spshent spor·**to**·vi
sports events	wydarzenia sportowe	vi·da·**zhe**·nya spor·**to**·ve
square	plac	plats
stadium	stadion	**sta**·dyon
stained glass	witraż	vee·**tra**·zh
stairs	schody	**skho**·di
stamp	znaczek	**zna**·chek
station	stacja	**sta**·tsya
station (railway)	dworzec	**dvo**·zhets
still	jeszcze	**yesh**·che
still mineral water	woda mineralna niegazowana	**vo**·da mee·ne·**ral**·na nye·ga·zo·**va**·na
stomach	brzuch	bzhookh
stop (bus / tram)	przystanek	pshis·**sta**·nek
straight	prosto	**pro**·sto
strawberries	truskawki	troos·**kaf**·kee
street	ulica	oo·**lee**·tsa
studio	studio	**stoo**·dyo
subtitles	napisy	na·**pee**·si
subway	metro	**me**·tro

success	sukces	**sook**·tses
sugar	cukier	**tsoo**·kyer
suitcase	walizka	va·**lees**·ka
sun	słońce	**swon**·tse
Sunday	niedziela	nye·**jye**·la
sunglasses	okulary przeciwsłoneczne	o·koo·**la**·ri pshe·cheef·swo·**nech**·ne
supporter's card	karta kibica	**kar**·ta kee·**bee**·tsa
supporter's scarf	szalik kibica	**sha**·leek kee·**bee**·tsa
surname	nazwisko	nas·**vees**·ko
sweater	sweter	**sfe**·ter
swimming cap	czepek	**che**·pek
swimming trunks	kąpielówki	kom·pye·**loov**·kee
swimsuit	strój kąpielowy	strooy kom·pye·**lo**·vi
Swiss franc	frank szwajcarski	frank shfay·**tsar**·skee
Switzerland	Szwajcaria	shfay·**tsar**·ya
syrup	syrop	**si**·rop
T		
T-shirt	koszulka, podkoszulek	ko·**shool**·ka, pod·ko·**shoo**·lek
table lamp	lampka nocna	**lam**·pka **nots**·na
tablecloths	obrusy	o·**broo**·si
Take care!	Trzymaj się!	**tshi**·may shye
tap	kran	kran
taxi	taksówka	tak·**soof**·ka
taxi rank	postój taksówek	**po**·stooy tak·**soo**·vek
tea	herbata	kher·**ba**·ta
team	drużyna	droo·**zhi**·na
teaspoon	łyżeczka do herbaty	wi·**zhech**·ka do her·**ba**·ti
telephone	telefon	te·**le**·fon
to tell	mówić	**moo**·veech
temperature	temperatura	tem·pe·ra·**too**·ra
ten	dziesięć	**jye**·shench
tennis	tenis	**te**·nees
tennis racket	rakieta do tenisa	ra·**kye**·ta do te·**nee**·sa
to thank	dziękować	jyen·**ko**·vach
Thank you!	Dziękuję!	jyen·**koo**·ye
that	że	zhe
That's all.	To wszystko.	to **fshist**·ko
third	trzeci	**tshe**·chee
theatre	teatr	**te**·atr
there	tam	tam
thermometer	termometr	ter·**mo**·metr
they (masculine personal)	oni	**o**·nee
they (non-masculine personal)	one	**o**·ne
they are	oni / one są	**o**·nee / **o**·ne som
third	trzeci	**tshe**·chee
thirteen	trzynaście	tshi·**nash**·chye
thirty	trzydzieści	tshi·**jyesh**·chee
this	ten, ta, to	ten, ta, to
thousand	tysiąc	**ti**·shonts
three	trzy	tshi
three hundred	trzysta	**tshi**·sta
throat	gardło	**gar**·dwo
through	przez	pshes
Thursday	czwartek	**chfar**·tek

ticket	bilet	**bee**·let
tie	krawat	**kra**·vat
tights	rajstopy	ray·**sto**·pi
timetable	rozkład jazdy	**ros**·kwat **yaz**·di
tissues	chusteczki higieniczne	khoos·**tech**·kee khee·gye·**nee**·chne
title	tytuł	**ti**·toow
to turn	skręcić	**skren**·cheech
to turn back	zawrócić	zav·**roo**·cheech
to understand	rozumieć	ro·**zoo**·myech
to wait	czekać	**che**·kach
want	chcieć	khchyech
to win	wygrać	**vi**·grach
to write	napisać	na·**pee**·sach
today	dzisiaj, dziś	**jee**·shyai, jeesh
toilets	toalety	to·a·**le**·ti
tomato soup	zupa pomidorowa	**zoo**·pa po·mee·do·**ro**·va
tomatoes	pomidory	po·mee·**do**·ri
tomorrow	jutro	**yoo**·tro
too	też	tesh
tooth	ząb	zomp
tourist	turysta	too·**ris**·ta
town	miasto	**myas**·to
traditional	tradycyjny	tra·di·**tsiy**·ni
traditional beads	tradycyjne korale	tra·di·**tsiy**·ne ko·**ra**·le
train	pociąg	**po**·chyonk
train departure	odjazd pociągu	od·yazt po·**chyon**·goo
trainer	trener	**tre**·ner
tram	tramwaj	**tram**·vai
tram stop	przystanek tramwajowy	pshi·**sta**·nek tram·va·**io**·vi
triple room	pokój trzyosobowy	**po**·kooy tshi·o·so·**bo**·vi
trousers	spodnie	**spod**·nye
trout	pstrąg	pstrong
Tuesday	wtorek	**vto**·rek
turkey	indyk	**een**·dik
Turn back.	Proszę zawrócić.	**pro**·she za·**vroo**·chich
Turn right / left.	Proszę skręcić w prawo / w lewo.	**pro**·she **skren**·cheech v **pra**·vo / v **le**·vo
TV set	telewizor	te·le·**vee**·zor
twelfth	dwunasty	dvoo·**nas**·ti
twelve	dwanaście	dva·**nash**·chye
twenty	dwadzieścia	dva·**jyesh**·chya
two	dwa	dva
two hundred	dwieście	**dvyesh**·che
type	typ	tip
type of ticket	rodzaj biletu	ro·dzay bee·**le**·too
U		
umbrella	parasol	pa·**ra**·sol
underground	metro	**me**·tro
underscore	podkreślenie	pot·kre·**shle**·nye
understand	rozumieć	ro·**zoo**·myech
underwear	bielizna	bye·**leez**·na
unfortunately	niestety	nyes·**te**·ti
university	uniwersytet	oo·nee·ver·**si**·tet
unofficial	nieoficjalny	nye·o·fee·**tsya**·lni

V		
veal	cielęcina	chye·len·**chee**·na
vegetables	warzywa	va·**zhi**·va
very	bardzo	**bar**·dzo
vodka	wódka	**voo**t·ka
W		
Wait 10 minutes, please.	Proszę czekać 10 minut.	**pro**·she **che**·kach **jye**·shench **mee**·noot
waiter	kelner	**kel**·ner
wallet	portfel	**port**·fel
walk	iść	eeshch
worker	pracownik	pra·**tsov**·neek
watch	zegarek	ze·**ga**·rek
water	woda	**vo**·da
water with ice	woda z lodem	**vo**·da z **lo**·dem
we	my	mi
Wednesday	środa	**shro**·da
week	tydzień	**ti**·jyen'
weekend	weekend	**week**·end
well	dobrze	**dob**·zhe
what	co	tso
what… like (e.g. what colour do you like?)	jaki	**ya**·kee
when	kiedy	**kye**·di
where	gdzie	gjye
Where is…?	Gdzie jest..?	gjye yest
where to	dokąd	**do**·kont
whereas	a	a
which	który	**ktoo**·ri
white	biały	**bya**·wi
white coffee	kawa z mlekiem	**ka**·va z **mle**·kyem
who	kto	kto
why	dlaczego	dla·**che**·go
window	okno	**ok**·no
wine	wino	**vee**·no
with ice	z lodem	z **lo**·dem
with	z	z
without	bez	bes
woman	kobieta	ko·**bye**·ta
wonder	cudo	**tsoo**·do
wonderful	wspaniały	vspa·**nya**·wi
wooden figurines	figurki z drewna	fee·**goor**·kee z **dre**·vna
to work	działać	**jya**·wach
Y		
yellow	żółty	**zhoo**w·ti
yellow card	żółta kartka	**zhoo**w·ta **kart**·ka
yes	tak	tak
yesterday	wczoraj	**fcho**·rai
yoghurt	jogurt	**yo**·goort
you (plural)	wy	vi
you (sg)	ty	ti
Z		
zero	zero	**ze**·ro
zloty (Polish currency)	złoty, złotówka	**zwo**·ti, zwo·**toof**·ka

SŁOWNICZEK FONETYCZNY (DE)
AUSSPRACHEGLOSSAR

DEUTSCH	JĘZYK POLSKI	AUSSPRACHE
A		
abbiegen	skręcić	**skrä**·tsitç
Abend	wieczór	**wiä**·tschur
abends	wieczorem	wiä·**tscho**·rem
aber	ale, lecz	**a**·le, lätsch
abfahren	odjeżdżać	od·**jäsch**·dschatç
Abfahrt	wyjazd	**wi**·jast
abgesagt	odwołany	od·wo·**ua**·ni
Abreisedatum	data wyjazdu	**da**·ta wi·**jas**·du
Abteil	przedział	**pschä**·dzjau
Abteilwagen	wagon z przedziałami	**wa**·gon s psche·dzja·**ua**·mi
Accessoires	galanteria	ga·lan·**tä**·ria
acht	osiem	**o**·cjäm
achthundert	osiemset	o·**cjäm**·ßät
achtzehn	osiemnaście	o·cjäm·**naç**·tcjä
achtzig	osiemdziesiąt	o·cjäm·**dzjä**·çont
Adresse	adres	**ad**·räß
aktueller Wechselkurs	aktualny kurs	ak·tu·**al**·ni kurß
Alergie	alergia	a·**lär**·gja
alkoholfrei	bezalkoholowy	bäß·al·ko·ho·**lo**·wi
alkoholfreie Getränke	napoje bezalkoholowe	na·**po**·jä bäß·al·ko·ho·**lo**·wä
Alkoholsorten	alkohole	al·ko·**ho**·lä
Alkoholverkauf nur ab 18 Jahren.	Sprzedaż alkoholu od lat 18.	**ßpsche**·dasch al·ko·**ho**·lu ot lat 18
Allee	aleja	a·**lä**·ja
alles	wszystko	**fschi**·ßtko
Alphabet	alfabet	al·**fa**·bät
am besten	najlepiej	naj·**lä**·pjäj
am Nachmittag	po południu	po po·**uud**·nju
an	przy	pschi
An welche Adresse?	Na jaki adres?	na **ja**·kie **ad**·räß?
Analyse	analiza	a·na·**lie**·sa
Andenken	pamiątki	pa·**mjon**·tki
angenehm	miło	**mi**·uo
Angenehm.	Miło mi.	**mi**·uo mi
Anmeldeadresse	adres zameldowania	**ad**·räß sa·mäl·do·**wa**·nja
anrufen	telefonować	tä·lä·fo·**no**·watç
Antibiotikum	antybiotyk	an·ti·**bjo**·tik
Apartment	apartament	a·par·**ta**·mänt
Äpfel	jabłka	**jap**·ka
Apfelsaft	sok jabłkowy	ßok jap·**ko**·wi
Apotheke	apteka	ap·**tä**·ka
Aquarium	akwarium	a·**kfa**·rjum
Armband	bransoletka	bran·ßo·**lät**·ka
Armbanduhr	zegarek	sä·**ga**·räk
Arzneimittel	lekarstwo	lä·**kar**·stfo, lä·**kar**·stfa
Art der Bezahlung	sposób płatności	**ßpo**·ßup pua·**tno**·ççi
Art der Fahrkarte	rodzaj biletu	**ro**·dzaj bi·**lä**·tu
Artikel	artykuł	ar·**ti**·kuu, ar·ti·**ku**·ui
Arzt	lekarz	**lä**·kasch

ärztliches Rezept	recepta	rä·**zä**·pta
Aschenbecher	popielniczka	po·pjäl·**ni**·tschka
Aspirin	aspiryna	a·spie·**ri**·na
auch	też	täsch
auf	na	na
auf Polnisch	po polsku	po **pol**·ßku
Auf Wiedersehen!	Do widzenia!	do wie·**dze**·nja
Auf Wiedersehen!	Do zobaczenia!	do so·ba·**tschä**·nja
aufschreiben	napisać	na·**pie**·ßatç
Auge	oko	**o**·ko
Augenfarbe	kolor oczu	**ko**·lor **o**·tschu
ausfallen	zepsuć się	**sä**·pßutç çä
Ausgang	wyjście	**wij**·çtçiä
Ausstellung	wystawa	wi·**sta**·wa
Autoschlüssel	kluczyki do samochodu	klu·**tschi**·kie do ßa·mo·**ho**·du
B		
Bad	łazienka	ua·**sjän**·ka
Badeanzug	strój kąpielowy	ßtruj kom·pjä·**lo**·wi
Badehose	kąpielówki	kom·pjä·**luf**·ki
Badekappe	czepek	**tschä**·päk
Badelatschen	klapki	**kla**·pkie
Baguette	bagietka	ba·**gjät**·ka
Bahnhof	dworzec (kolejowy)	**dwo**·schets ko·le·**jo**·wi
Bahnsteig	peron	**pä**·ron
Balkon	balkon	**bal**·kon
Ball	piłka	**pieu**·ka
Banane	banan	**ba**·nan
Bananensaft	sok bananowy	ßok ba·na·**no**·wi
Bandage	bandaż	**ban**·dasch
Bank	bank	bank
Bargeld	gotówka	go·**tuf**·ka
Bauch	brzuch	bschuch
Becher	kubek	**ku**·bäk
Bein	noga	**no**·ga
Bernstein	bursztyn	**bursch**·tin
Bernsteinschmuck	biżuteria z bursztynu	bi·schu·**te**·rja s bur·**schti**·nu
bestellen	zamawiać, zamówić	sa·**ma**·wjatç, sa·**mu**·wietç
bezahlen	płacić, zapłacić	**pua**·tsietç, sa·**pua**·tsietç
Bezahlung	płatność	**puat**·noçtç
BH	biustonosz	bju·**sto**·nosch
Bier	piwo	**pie**·wo
Bier mit Saft	piwo z sokiem	**pie**·wo s **ßo**·kjäm
Bildband	album	**al**·bum
Bildbände polnischer Maler	albumy z malarstwem polskim	al·**bu**·mi s ma·**lar**·ßtfäm **pol**·ßkiem
Bildbände über Polen	albumy o Polsce	al·**bu**·mi o **pol**·ßtsä
Bilder	obrazki	o·**braß**·ki
Bindestrich	myślnik	**miç**·lnjik
Birnen	gruszki	**gru**·schki
Bis dann!	Na razie!	na **ra**·sjä!
Bis morgen!	Do jutra!	do **ju**·tra!
Bitte 10 Minuten warten.	Proszę czekać 10 minut.	**pro**·schä **tschä**·katç 10 **mie**·nut
Bitte aufhalten.	Proszę się zatrzymać.	**pro**·schä çä sa·**tschi**·matç
Bitte den Einkaufskorb mitnehmen.	Proszę wziąć koszyk.	**pro**·schä wsjontç **ko**·schik
Bitte die PIN eingeben.	Proszę wprowadzić PIN.	**pro**·schä fpro·**wa**·dzjitç pien

Bitte geradeaus gehen.	Proszę iść prosto.	**pro**·schä içtç **pro**·ßto
Bitte rechts / links abbiegen.	Proszę skręcić w prawo / w lewo.	**pro**·schä **ßkrent**·tsitç f **pra**·wo / f **lä**·wo
Bitte sehr.	Bardzo proszę.	**bar**·dzo **pro**·schä
Bitte über die Straße gehen.	Proszę przejść przez ulicę.	**pro**·schä pschäjçtç pschäß u·**lie**·zä
Bitte umkehren.	Proszę zawrócić.	**pro**·schä sa·**wru**·tsitç
Bitte warten.	Proszę zaczekać.	**pro**·schä sa·**tschä**·katç
Bitte wiederholen.	Proszę powtórzyć.	**pro**·schä pof·**tu**·schitç
Bitte.	Proszę.	**pro**·schä
bitten	prosić	**pro**·ßietç
blau	niebieski	njä·**bjä**·ßki
Block	sektor	**ßäk**·tor
Bluse	bluzka	**bluß**·ka
braun	brązowy	bron·**so**·wi
braun (über Augenfarbe)	piwny	**piew**·ni
Briefmarke	znaczek	**sna**·tschäk
Briefumschlag	koperta	ko·**pär**·ta
Brille	okulary	o·ku·**la**·ri
Broker	broker	**bro**·kär
Brot	chleb	hläp
Brötchen	bułka	**buu**·ka
Buchstabieren	literowanie	lie·tä·ro·**wa**·njä
buchstabieren	przeliterować	pschä·lie·tä·**ro**·watç
Bulgarien	Bułgaria	buu·**ga**·rja
Bus	autobus	au·**to**·buß
Bus-/Straßenbahnhaltestelle	przystanek autobusowy / tramwajowy	pschi·**sta**·näk au·to·bu·**ßo**·wi
Busbahnhof	dworzec autobusowy	**dwo**·schäts au·to·bu·**ßo**·wi
Butter	masło	**ma**·suo
C		
Café	kawiarnia	ka·**wjar**·nja
CD	kompakt	**kom**·pakt
CDs mit Musik	płyty z muzyką	**pui**·ti s mu·**si**·kom
Chemie	chemia	**hä**·mja
Computer	komputer	kom·**pu**·tär
D		
Damentasche	torebka	to·**rep**·ka
Danke!	Dziękuję!	dzjän·**ku**·jä
danken	dziękować	dzjän·**ko**·watç
Darf man hier rauchen?	Czy tu wolno palić?	tschi tu **wol**·no **pa**·lietç
das Arzneimittel hilft	lekarstwo pomoże	le·**kar**·stfo po·**mo**·schä
Das ist alles.	To wszystko.	to **fschi**·stko
das, dieses	to	to
dass	że	sche
Datum	data	**da**·ta
„Der bissige Hund" (Name eines Drinks)	Wściekły pies	**wçtçiä**·kui piäß
der dritte	trzeci	**tschä**·tçi
der erste	pierwszy	**piär**·fschi
der fünfte	piąty	**pjon**·ti
Der Rest ist für Sie.	Reszta dla pana / pani.	**rä**·schta dla **pa**·na / **pa**·ni
der sechste	szósty	**schu**·ßti
der vierte	czwarty	**tschfa**·rti
der zweite	drugi	**dru**·gi
Dienstag	wtorek	**fto**·räk

dieser,-e,-s	ten, ta, to	tän, ta, to
Diskothek	dyskoteka	di·ßko·**tä**·ka
Disko	disco	**diß**·ko
Doktor	doktor	**dok**·tor
Dokument	dokument	do·**ku**·mänt, do·ku·**män**·ti
Dollar	dolar, dolary	**do**·lar, do·**la**·ri
Donnerstag	czwartek	**tschfar**·täk
doppelt	podwójny	pod·**wuj**·ni
dort	tam	tam
drei	trzy	tschi
Dreibettzimmer	pokój trzyosobowy	**po**·kuj tschi·o·ßo·**bo**·wi
dreihundert	trzysta	**tschi**·ßta
dreißig	trzydzieści	tschi·**dzjä**·çtçi
dreizehn	trzynaście	tschi·**na**·çtçiä
Dschungel	dżungla	**dschun**·gla
du	ty	ti
Dusche	prysznic	**prisch**·niets
E		
EC-Karte	karta bankomatowa	**kar**·ta ban·ko·ma·**to**·wa
Ei	jajko	**jaj**·ko
Eigentor	bramka samobójcza	**bram**·ka ßa·mo·**buj**·tscha
ein wunderschönes Ding	cudo	**zu**·do
ein, eins	jeden	**jä**·dän
Einbettzimmer	pokój jednoosobowy	**po**·kuj jäd·no·o·ßo·**bo**·wi
Eingang	wejście	**wäj**·çtçiä
einige	kilka	**kie**·lka
Einkaufsnacht	noc zakupów	noz sa·**ku**·puf
Einkaufszentrum	centrum handlowe	**zän**·trum han·**dlo**·wä
einmal	raz	ras
elf	jedenaście	jä·dä·**naç**·tçiä
Elfmeter	rzut karny	schut **kar**·ni
Ellenbogenschützer	ochraniacze na łokcie	o·hra·**nja**·tschä na **uok**·tçiä
empfehlen	polecać	po·**lä**·tsatç
Ente	kaczka	**ka**·tschka
entschuldigen sich	przepraszać	pschä·**pra**·schatç
Entschuldigung!	Przepraszam!	pschä·**pra**·scham!
er	on	on
Erbse	groch	groch
Erdbeeren	truskawki	truß·**kaf**·ki
Erfolg	sukces	**ßuk**·zäß
ermäßigter Fahrschein	bilet ulgowy	**bie**·lät ul·**go**·wi
erste Hälfte	pierwsza połowa	**pjär**·fscha po·**uo**·wa
es	ono	**o**·no
Espresso	espresso	äß·**präß**·ßo
Essen	jedzenie	jä·**dzä**·njä
essen	jeść	jäçtç
etwas	coś	tsoç
etwas zum Essen	coś do jedzenia	tsoç do jä·**dzä**·nja
etwas zum Trinken	coś do picia	tsoç do **pie**·tçia
etwas, ein bisschen	trochę	**tro**·hä
Euro	euro	**äu**·ro
Europa	Europa	äu·**ro**·pa
Europäische Union	Unia Europejska	**u**·nja äu·ro·**päj**·ßka
F		
fahren	jechać	**jä**·hatç
Fahrkarte	bilet	**bi**·lät

Fahrplan	rozkład jazdy	**roß**·kuat **jas**·di
Fahrrad	rower	**ro**·wär
Familienname	nazwisko	nas·**wiß**·ko
Fanausweis	karta kibica	**kar**·ta kie·**bie**·tsa
Fanschal	szalik kibica	**scha**·liek kie·**bie**·tsa
Farbe	kolor	**ko**·lor
Fax	fax	fax
Feiertagtarif	taryfa świąteczna	ta·**ri**·fa cɕjon·**tä**·tschna
Fenster	okno	**o**·kno
Fernbedienung	pilot	**pie**·lot
Fernseher	telewizor	tä·lä·**wie**·sor
Feuerzeug	zapalniczka	sa·pal·**ni**·tschka
Fieber	gorączka	go·**ron**·tschka
Film	film	fielm
Fisch	ryba	**ri**·ba
Fleisch	mięso	**miän**·ßo
Flip-Flops	klapki	**kla**·pkie
Flughafen	lotnisko	lot·**nieß**·ko
Fluss	rzeka	**schä**·ka
Fohlen	źrebak	**schrä**·bak
Forelle	pstrąg	pßtrong
Fotoapparat	aparat fotograficzny	a·**pa**·rat fo·to·gra·**fietsch**·ni
Foul	faul	faul
Frage	pytanie	pi·**ta**·njä
Frau	kobieta	ko·**bjä**·ta
frei	wolny	**wo**·lni
Freitag	piątek	**pjon**·täk
Frühstück	śniadanie	cnja·**da**·njä
Führerschein	prawo jazdy	**pra**·wo **jas**·di
fünf	pięć	pjäntɕ
fünfhundert	pięćset	**pjän**·tɕßät
fünfzehn	piętnaście	pjän·**tna**·ɕtɕiä
fünfzig	pięćdziesiąt	pjän·**tɕdzjä**·ɕiont
für	dla	dla
für mich	dla mnie	dla mniä
für Nichtraucher	dla niepalących	dla
für Raucher	dla palących	dla pa·**lon**·zich
für Sie	dla pana / dla pani	dla **pa**·na/**pa**·ni
Für wie viele Tage?	Na ile dni?	na **ie**·lä dnie
Fußball	piłka nożna	**pieu**·ka **nosch**·na
Fußball- / Tennisspiel	mecz piłki nożnej / w tenisa	mätsch **pieu**·ki **nosch**·näj / w tä·**nie**·ßa
Fußballer	piłkarz	**pieu**·kasch
Fußballfan	kibic	**kie**·biets
Fußballkleidung	strój piłkarza	struj pieu·**ka**·scha
G		
Gabel	widelec	wie·**dä**·läz
Garderobe	szatnia	**scha**·tnja
Geburtsdatum	data urodzenia	**da**·ta u·ro·**dzä**·nja
Geburtsort	miejsce urodzenia	**miäj**·ßtsä u·ro·**dzä**·nja
Geflügel	drób	drup
gehen	iść	iɕtɕ
gelb	żółty	**schuu**·ti
gelbe Karte	żółta kartka	**schuu**·ta **kar**·tka
Geld	pieniądze	piä·**njon**·dzä
Geldbörse	portfel	**port**·fäl

Geldautomat	bankomat	ban·**ko**·mat
Geldschein	banknot	**ban**·knot
gemischter Salat	sałatka	ßa·**uat**·ka
Gemüse	warzywa	wa·**schi**·wa
genau	dokładnie	do·**kua**·dnjä
geöffnet von…bis…	czynne od…do…	**tschin**·nä od…do…
Gepäckaufbewahrung	przechowalnia bagażu	pschä·ho·**wal**·nja ba·**ga**·schu
geradeaus	prosto	**pro**·sto
Geschäft	sklep	ßkläp
Geschäftsmann	biznesmen	bies·**näß**·män
Geschlecht	płeć	puätç
geschlossen	nieczynny	nje·**tschin**·ni
gestern	wczoraj	**ftscho**·raj
gestickte Tischtücher	haftowane obrusy	haf·to·**wa**·nä o·**bru**·ßi
gesundheitliche Probleme	problemy zdrowotne	pro·**blä**·mi sdro·**wo**·tnä
Getränk	napój	**na**·puj
gewinnen	wygrać	**wi**·gratç
Glasbilder	obrazki malowane na szkle	o·**bra**·ßki ma·lo·**wa**·nä na schklä
Glasfenster	witraże	wie·**tra**·schä
grau	szary	**scha**·ri
Groschen	grosz	grosch
groß	duży	**du**·schi
Großbritannien	Wielka Brytania	**wiäl**·ka bri·**ta**·nja
Größe	wzrost	wsroßt
grün	zielony	siä·**lo**·ni
Gurken	ogórki	o·**gur**·kie
Gürtel	pasek	**pa**·ßäk
gut	dobry	**do**·bri
gut	dobrze	**do**·bschä
Gute Nacht!	Dobranoc!	do·**bra**·nots!
Guten Abend!	Dobry wieczór!	**do**·bri wiä·tschur!
Guten Appetit!	Smacznego!	ßma·**tschnä**·go!
Guten Morgen!	Dzień dobry!	dzjän **do**·bri!
Guten Tag!	Dzień dobry!	dzjän **do**·bri!
H		
Haartrockner	suszarka do włosów	su·**schar**·ka do **wuo**·ßuf
haben	mieć	miätç
Hähnchen	kurczak	**kur**·tschak
Hälfte	połowa	po·**uo**·wa
Hallo!	Halo!	**ha**·lo
Hallo!	Hej!, Cześć!	häj, tschäçtç
Hallo?	Słucham?	**suu**·ham
Hals	gardło	**gar**·duo
Halskette	naszyjnik	na·**schij**·niek
Haltestelle	przystanek	pschi·**sta**·näk
Hamburger	hamburger	ham·**bur**·gär
Hand	ręka	**rän**·ka
Handschuhe	rękawiczki	rän·ka·**wietsch**·ki
Heftpflaster	plaster	**pla**·ßtär
heißen	nazywać się	na·**si**·watç çä
Heizung	ogrzewanie	o·gschä·**wa**·njä
helfen	pomoc	**po**·mots
Hemd	koszula	ko·**schu**·la
Hering	śledź	çlädsch
Herrenboxer	bokserki	bok·**ßär**·ki

Herz	serce	**ßär**·tsä
Herztropfen	krople na serce	**kro**·plä na **sär**·tsä
Heuschnupfen	katar alergiczny	**ka**·tar a·lär·**gie**·tschni
heute	dzisiaj / dziś	**dzie**·çiaj / dzieç
hier	tu	tu
hier	tutaj	**tu**·taj
Hilfe!	Pomocy!	po·**mo**·tsi!
Hockey	hokej	**ho**·käj
Holding(gesellschaft)	holding	**hol**·dienk
Holzfiguren	figurki z drewna	fie·**gur**·ki s **dräw**·na
hören	słuchać	**ßuu**·hatç
Hose	spodnie	**ßpo**·dnjä
Hotdog	hot dog	hot dog
Hotel	hotel	**ho**·täl
hundert	sto	ßto
Husten	kaszel	**ka**·schäl
Hustensaft	syrop	**ßi**·rop
Hut	kapelusz	ka·**pä**·lusch
Hut in den Nationalfarben weiß-rot	kapelusz w barwach biało-czerwonych	ka·**pä**·lusch w **bar**·wach **bja**·uo·tschär·**wo**·nich
I		
ich	ja	ja
Ich höre schlecht.	Źle słyszę.	schlä **ßui**·schä
ich möchte	chcę (ja)	htsä
Ich möchte…. bestellen.	Chcę zamówić…	htsä sa·**mu**·wietç…
Ich möchte…. wechseln.	Chcę wymienić…	htsä wi·**mjä**·nietç…
Ich verstehe nicht.	Nie rozumiem.	njä ro·**su**·miäm
Ich weiß nicht.	Nie wiem.	njä wjäm
ihr	wy	wi
ihr dankt	dziękujecie (wy)	dzjän·ku·**jä**·tçiä
ihr entschuldigt euch	przepraszacie	pschä·pra·**scha**·tçiä
ihr heißt	nazywacie się	na·si·**wa**·tçiä çä
ihr möchtet	chcecie (wy)	**hzä**·tçiä
in	w	w
in diese Richtung	w tym kierunku	w tim kjä·**run**·ku
Information, Auskunft	informacja	in·for·**ma**·tsja
Inline-Skates	rolki	**rol**·ki
Internet	Internet	In·**tär**·nät
J		
ja	tak	tak
Jacke	kurtka	**kur**·tka
Jeanshose, Jeans	dżinsy	**dzien**·ßi
jetzt	teraz	**tä**·raß
Jockey	dżokej	**dscho**·käj
Jog(h)urt	jogurt	**jo**·gurt
Judo	dżudo	**dschu**·do
K		
Kaffee	kawa	**ka**·wa
Kaffee mit Milch	kawa z mlekiem	**ka**·wa s **mlä**·kjäm
Kakao	kakao	ka·**ka**·o
Kalbfleisch	cielęcina	tçiä·län·**tçi**·na
kalt	zimny	**siem**·ni
Kamikaze (Name eines Drinks)	Kamikadze	Ka·mie·**ka**·dzä
Kann ich bitte Salz haben?	Czy mogę prosić sól?	tschi **mo**·gä **pro**·çitç ßul
Kann ich mit der Karte / bar bezahlen?	Czy mogę zapłacić kartą / gotówką?	tschi **mo**·gä sa·**pua**·tçiç **kar**·tom / go·**tuf**·kom

Kapitän	kapitan	ka·**pie**·tan
kaputt	zepsuty	sä·**pßu**·ti
kaputtgehen	zepsuć się	sä·pßutç
Karpfen	karp	karp
Karte	mapa	**ma**·pa
Kartoffeln	ziemniaki	siäm·**nja**·ki
Käse	ser żółty	ßär **schuu**·ti
Kasse	kasa	**ka**·ßa
Kassenbon	paragon	pa·**ra**·gon
Katalog	katalog	ka·**ta**·log
Kauf	kupno	**ku**·pno
kaufen	kupować, kupić	ku·**po**·watç, **ku**·pitç
Kaugummi	guma do żucia	**gu**·ma do **schu**·tçia
Kekse	ciastka	**çias**·tka
Kellner(in)	kelner(ka)	**käl**·när(ka)
Keramik	ceramika	cä·ra·**mie**·ka
Kilometer	kilometr	kie·**lo**·mätr
Kino	kino	**kie**·no
Kiosk	kiosk	kioßk
Klammeraffe	małpa	**mau**·pa
Klasse	klasa	**kla**·ßa
Kleid	sukienka	ßu·**kiän**·ka
Kleidung	ubrania	u·**bra**·nja
klein	mały	**ma**·ui
kleine Glasfenster	małe witraże	**ma**·uä wie·**tra**·schä
Kleingeld	drobne	**dro**·bnä
Klimaanlage	klimatyzacja	klie·ma·ti·**sa**·tsja
Knieschützer	ochraniacze na kolana	o·hra·**nja**·tschä na ko·**la**·na
Koffer	walizka	wa·**li**·ßka
Kohl	kapusta	ka·**puß**·ta
können	móc	muts
Kontakt	kontakt	**kon**·takt
Kopf	głowa	**guo**·wa
Korallen	korale	ko·**ra**·lä
Korridor	korytarz	ko·**ri**·tasch
kosten	kosztować	ko·**schto**·watç
krank	chory	**ho**·ri
Krankenhaus	szpital	**schpie**·tal
Krawatte	krawat	**kra**·wat
Kreditkarte	karta kredytowa	**kar**·ta krä·di·**to**·wa
Krone (Währung)	korona	ko·**ro**·na
Kuchen	ciasto	**tçia**·ßto
Kugelschreiber	długopis	duu·**go**·piß
kulturelle Ereignisse	wydarzenia kulturalne	wi·da·**schä**·nja kul·tu·**ral**·nä
Kurs	kurs	kurß
kurze Hose	spodenki	ßpo·**dä**·nki
L		
Lachs	łosoś	**uo**·ßoç
Laden	sklep	ßkläp
Lammfleisch	baranina	ba·ra·**nie**·na
Lampe	lampa	**lam**·pa
Land	kraj	kraj
Laut	dźwięk	dzwiänk
leider	niestety	niä·**ßtä**·ti
Lift	winda	**wien**·da
Lifting	lifting	**lief**·tienk

links	(na) lewo	(na) **lä**·wo
Löffel	łyżka	**uisch**·ka
Lokalisierung	lokalizacja	lo·ka·li·**sa**·tsja
M		
Mach's gut!	Trzymaj się!	**tschi**·maj çä
mähe!	koś!	koç
man darf	wolno	**wol**·no
Manager	manager	mä·**na**·dschär
Mann	mężczyzna	män·**schtschi**·sna
männlich	męski	**män**·ßki
Mannschaft	drużyna	dru·**schi**·na
Mantel	płaszcz	puaschtsch
Markt(platz)	rynek	**ri**·näk
Marmelade	dżem	dschäm
Mechaniker	mechanik	mä·**ha**·niek
Mehl	mąka	**mon**·ka
mein,-e,mein	mój, moja, moje	muj, **mo**·ja, **mo**·jä
Menü	karta dań	**kar**·ta danj
Messer	nóż	nusch
Meter	metr	mätr
Milch	mleko	**mlä**·ko
Milchprodukte	nabiał	**na**·bjau
Mineralwasser mit Kohlensäure / ohne Kohlensäure	woda mineralna gazowana / niegazowana	**wo**·da mie·nä·**ral**·na ga·so·**wa**·na / njä·ga·so·**wa**·na
Minus	minus	**mi**·nuß
mir wurde(n)… gestohlen	skradziono mi…	ßkra·**dzjo**·no mie..
Mit der Karte können Sie ab 10 Zloty bezahlen.	Płatność kartą od 10 złotych.	puat·noçtç **kar**·tom ot 10 **suo**·tich
mit Eis	z lodem	s **lo**·däm
mit Ermäßigung	ulgowy	ul·**go**·wi
mit, aus	z	s
Mitarbeiter	pracownik	pra·**tsow**·nik
Mitte	środek	**çro**·däk
Mittwoch	środa	**çro**·da
Möhre	marchewka	mar·**häf**·ka
Moment	moment	**mo**·mänt
Montag	poniedziałek	po·njä·**dzja**·uäk
morgen	jutro	**ju**·tro
Morgen	rano	**ra**·no
Motorroller	skuter	**ßku**·tär
Münze	moneta	mo·**nä**·ta
Museum	muzeum	mu· **sä**·um
Musik	muzyka	mu·**si**·ka
Musikclub	klub muzyczny	klup mu·**si**·tschni
Mütze	czapka	**tschap**·ka
N		
nach	po	po
Nachname	nazwisko	nas·**wiß**·ko
Nachttarif	taryfa nocna	ta·**ri**·fa **no**·tsna
Nachttischlampe	lampka nocna	**lamp**·ka **no**·tsna
nah	blisko	**bließ**·ko
nein, nicht	nie	njä
neu	nowy	**no**·wi
neun	dziewięć	**dzjä**·wjäntç
neunhundert	dziewięćset	dzjä·**wjäntç**·ßät
neunzehn	dziewiętnaście	dzjä·wjänt·**naç**·tçiä

neunzig	dziewięćdziesiąt	dschjä·wjäntç·**dzjä**·çont
Nichtraucher	niepalący	njä·pa·**lon**·tsi
Nichtraucherraum	sala dla niepalących	**ß**a·la dla njä·pa·**lon**·zich
nichts	nic	niets
noch	jeszcze	**jäsch**·tschä
normaler Fahrschein	bilet normalny	**bi**·lät nor·**mal**·ni
Norwegien	Norwegia	nor·**wä**·gja
Notausgang	wyjście ewakuacyjne	**wij**·çtçiä ä·wa·ku·a·**tsij**·nä
Nudeln	makaron	ma·**ka**·ron
Null	zero	**sä**·ro
Nummer	numer	**nu**·mär
nur	tylko	**til**·ko
Nur bar bezahlen.	Płatność tylko gotówką.	**puat**·noçtç **til**·ko go·**tuf**·kom
O		
Obst	owoce	o·**wo**·tsä
oder	lub	lup
offiziell	oficjalny	o·fie·**tsjal**·ni
öffnen	otworzyć	o·**tfo**·schitç
ohne	bez	bäß
Ohr	ucho	**u**·ho
Ohrringe	kolczyki	kol·**tschi**·ki
Oper	opera	o·**pä**·ra
Orangensaft	sok pomarańczowy	ßok po·ma·ranj·**tscho**·wi
originale Version	wersja oryginalna	**wär**·ßja o·ri·gie·**nal**·na
P		
Papierblatt	kartka	**kar**·tka
Parfüm	perfumy	pär·**fu**·mi
Park	park	park
Parkett	parter	**par**·tär
Parkplatz	parking	**par**·kienk
Pause	przerwa	**pschär**·wa
Peeling	peeling	**pie**·lienk
Personalausweis	dowód osobisty	**do**·wut o·ßo·**bies**·ti
Petersilie	pietruszka	pjät·**rusch**·ka
Pfannkuchen	naleśniki	na·läç·**nie**·kie
Pfeffer	pieprz	pjäpsch
Pferd	koń	konj
Pflaumen	śliwki	**çlief**·ki
Pfund (Währung)	funt	funt
Philosophie	filozofia	fie·lo·**so**·fja
Pizza	pizza	**piets**·tsa
Plan	plan	plan
Platz (in der Stadt)	plac	plats
Platzkarte	miejscówka	miäj·**ßtsuf**·ka
Playback	playback	**pläj**·bäk
plus	plus	pluß
Polen	Polska	**Pol**·ßka
„Polen jetzt" (Name eines Drinks)	Teraz Polska	**Te**·raß **Pol**·ßka
Politiker	polityk	po·**lie**·tik
polnisch	polski	**pol**·ßki
polnischer Wodka „Grasovka"	żubrówka	schu·**bruf**·ka
Pommes frites	frytki	**frit**·kie
Pop	pop	pop
Post	poczta	**potsch**·ta
Postkarte	pocztówka	potsch·**tuf**·ka
Präsident	prezydent	prä·**si**·dänt

Preis	cena	**tsä**·na
Problem	problem	**pro**·bläm
Protest	protest	**pro**·täst
Pullover	sweter	**ßfä**·tär
Punkt (Zeichensetzung, Interpunktion)	kropka	**krop**·ka
Pupille	źrenica	schrä·**nie**·tsa
Puppen in Regionaltrachten	lalki w strojach regionalnych	**lal**·kie w **ßtro**·jach rä·gjo·**nal**·nich
Pute	indyk	**ien**·dik
Puzzle	puzzle	**pus**·lä
Pyjama	piżama	pie·**scha**·ma
Quark	ser biały	sär **biea**·ui
R		
Radio	radio	**ra**·djo
rauchen	palić	**pa**·lietç
Raucherraum	sala dla palących	**ßa**·la dla pa·**lon**·zich
Rechnung	rachunek	ra·**hu**·näk
Rechnung, bitte.	Proszę rachunek.	**pro**·schä ra·**hu**·näk
rechts	prawo	**pra**·wo
reduziert	obniżka 10 %	o·**bnjisch**·ka 10%
Regenschirm	parasol	pa·**ra**·ßol
Reihe	rząd	schont
Reis	ryż	risch
Reisepass	paszport	**pasch**·port
Reklamtaschen kosten 10 Groschen.	Reklamówki płatne 10 groszy.	rä·kla·**muf**·kie **pua**·tnä 10 **gro**·schi
reservieren	zarezerwować	sa·rä·sär·**wo**·watç
Reservierung	rezerwacja	rä·sär·**wa**·tsja
Rest	reszta	**räsch**·ta
Rest-	pozostały	po·soß·**ta**·ui
Restaurant	restauracja	räß·tau·**ra**·tsja
rezeptpflichtiges Arzneimittel	lekarstwo na receptę	lä·**kar**·ßtwo na rä·**tsäp**·tä
Richtung	kierunek	kiä·**ru**·näk
Rindfleisch	wołowina	wo·uo·**wie**·na
Ring (Schmuck)	pierścionek	piär·**çtçio**·näk
Rock	spódnica	spud·**nie**·tsa
rot	czerwony	tschär·**wo**·ni
rote Karte	czerwona kartka	tschär·**wo**·na **kart**·ka
Rote-Beten-Suppe	barszcz	barschtsch
Rückgabe nur mit Kassenbon.	Zwrot tylko za okazaniem paragonu.	swrot **til**·ko sa o·ka·**sa**·njäm pa·ra·**go**·nu
Rucksack	plecak	**plä**·tsak
russische Piroggen (Teigtaschen gefüllt mit Quark und Kartoffeln)	pierogi ruskie	piä·**ro**·gi **ruß**·kiä
S		
Saft	sok	ßok
sprechen	mówić	**mu**·wietç
Sahne	śmietana	çmjä·**ta**·na
Salat	sałata	ßa·**ua**·ta
Salbe	maść	maçtç
Salz	sól	ßul
Samstag	sobota	ßo·**bo**·ta
Sauermehlsuppe	żur(ek)	schur(äk)
Schach	szachy	**scha**·hi
Schal	szalik	**scha**·liek

Schiedsrichter	sędzia	**ßen**·dzja
Schinken	szynka	**schin**·ka
schlecht	źle	schlä
schließen	zamknąć	**sam**·knontç
Schlittschuhe	łyżwy	**uisch**·wi
Schlüssel	klucz	klutsch
Schmerztabletten	tabletki przeciwbólowe	ta·**blät**·kie pschä·tçif·bu·**lo**·wä
Schmuck	biżuteria	bie·schu·**tä**·rja
Schnäppchen	okazja	o·**ka**·sja
Schnitzel	kotlet	**kot**·lät
Schnupfen	katar	**ka**·tar
Schokolade	czekolada	tschä·ko·**la**·da
schon	już	jusch
Schrägstrich	ukośnik	u·**koç**·niek
Schuhe	buty	**bu**·ti
Schutzhelm	kask	kaßk
schwarz	czarny	**tschar**·ni
Schweinefleisch	wieprzowina	wiäp·scho·**wie**·na
Schweineschnitzel	kotlet schabowy	**kot**·lät ßha·**bo**·wi
Schweiz	Szwajcaria	Schfaj·**tsar**·ja
Schweizer Frank	frank szwajcarski, franki szwajcarskie	frank schfaj·**tsar**·ßki, **fran**·ki schfaj·**tsar**·ßkiä
Schwester	siostra	**ßio**·ßtra
sechs	sześć	schäçtç
sechshundert	sześćset	**schäçtç**·ßät
sechzehn	szesnaście	schäß·**na**·çtçä
sechzig	sześćdziesiąt	schäçtç·**dschjä**·çiont
sehr	bardzo	**bar**·dzo
sein	być	bitç
seit	od	ot
Seite	strona	**ßtro**·na
Sekt	szampan	**scham**·pan
Selbstbedienung	samoobsługa	ßa·mo·op·**suu**·ga
selbstverständlich	oczywiście	o·tschi·**wieç**·tçiä
Serviette	serwetka	ßär·**wät**·ka
Shampoo	szampon do włosów	**scham**·pon do **wuo**·ßuf
Sheriff	szeryf	**schä**·rif
sie	ona	**o**·na
1. Sie (Höflichkeitsform), 2. Frau	pani	**pa**·nie
1. Sie (Höflichkeitsform), 2. Herr	pan	pan
sie (über Gruppe von weiblichen Personen oder Kinder)	one	**o**·nä
sie (über männliche oder gemischte Gruppe)	oni	**o**·nie
Sie	pan, pani, państwo	pan, pa·nie, **panj**·ßtwo
sieben	siedem	**ßjä**·däm
siebenhundert	siedemset	çiä·**däm**·sät
siebzehn	siedemnaście	çiä·däm·**naç**·tçä
siebzig	siedemdziesiąt	çiä·däm·**dschjä**·çiont
Siedlung	osiedle	o·**çiäd**·lä
silbern	srebrny	**ßräbr**·ni
Sitzplatz	miejsce	**miäj**·stsä
Skateboard	deskorolka	däß·ko·**rol**·ka
Ski, Schier	narty	**nar**·ti
Skibrille	gogle	**gog**·lä
Skistöcke	kijki	**kiej**·ki

Slip	majtki	**majt**·kie
Snowboardbrett	deska snowboardowa	**däß**·ka snou·bour·**do**·wa
Solarium	solarium	ßo·**la**·rjum
Sonnenbrille	okulary przeciwsłoneczne	o·ku·**la**·ri pschä·tçif·ßuo·**nätsch**·nä
Sommerschlussverkauf	wyprzedaż letniej kolekcji	wi·**pschä**·dasch **lät**·niej ko·**läk**·tsji
Sonderangebot	promocja	pro·**mo**·tsja
Sonne	słońce	**ßuonj**·tsä
Sonntag	niedziela	njä·**dzjä**·la
Sonst noch etwas?	Coś jeszcze?	tsoç **jäsch**·tschä
später	później	**pusch**·niäj
Spektakel, Schauspiel	spektakl	**ßpäk**·takl
sperren	zablokować	sa·blo·**ko**·watç
Spiel (Sport)	mecz	mätsch
Spitzen-	koronkowy	ko·ron·**ko**·wi
Spitzenservietten	koronkowe serwetki	ko·ron·**ko**·wä ßär·**wät**·kie
Sportaccessoires	akcesoria sportowe	ak·tsä·**ßo**·rja ßpor·**to**·wä
Sportartikel	sprzęt sportowy	ßpschent ßpor·**to**·wi
sportliche Ereignisse	wydarzenia sportowe	wi·da·**schä**·nja ßpor·**to**·wä
Sprache	język	**jen**·sik
Stadion	stadion	**ßta**·djon
Stadt	miasto	**mja**·ßto
Station	stacja	**ßta**·tsja
Straße	ulica	u·**lie**·tsa
Straßenbahn	tramwaj	**tram**·waj
Stringtanga	stringi	**ßtrien**·gie
Strumpfhose	rajstopy	raj·**ßto**·pi
Studio	studio	**ßtu**·djo
Stunde	godzina	go·**dzie**·na
suchen	szukać	**schu**·katç
Suppe	zupa	**su**·pa
Synchronisation (im Film)	dubbing	**da**·bienk
synchronisierter Film	film z dubbingiem	film s da·**bien**·gjem
T		
Tag	dzień	dzjänj
Tagtarif	taryfa dzienna	ta·**ri**·fa **dzjän**·na
Taschentücher	chusteczki higieniczne	huß·**tä**·tschkie hie·gjä·**nji**·tschnä
tauschen	wymienić	wi·**mjä**·njitç
Tausend	tysiąc	**ti**·çionts
Taxi	taksówka	tak·**ßuf**·ka
Taxistand	postój taksówek	**po**·ßtuj tak·**ßu**·wäk
Tee	herbata	här·**ba**·ta
Teelöffel	łyżeczka (do herbaty)	ui·**schä**·tschka (do här·**ba**·ti)
Teigtaschen	pierogi	piä·**ro**·gie
Teigtaschen gefüllt mit Beeren	pierogi z jagodami	pieä·**ro**·gie s ja·go·**da**·mie
Teigtaschen gefüllt mit Erdbeeren	pierogi z truskawkami	pieä·**ro**·gie s truß·kaf·**ka**·mie
Teigtaschen gefüllt mit Fleisch	pierogi z mięsem	pieä·**ro**·gie s **mien**·ßäm
Teigtaschen gefüllt mit Quark, süß	pierogi z serem	pieä·**ro**·gie s **ßä**·räm
Telefon	telefon	tä·**lä**·fon
telefonieren	telefonować	tä·lä·fo·**no**·watç
Telefonkarte	karta telefoniczna	**kar**·ta tä·lä·fo·**nie**·tschna
Teller	talerz	**ta**·läsch
Temperatur	temperatura	täm·pä·ra·**tu**·ra
Tennis	tenis	**tä**·nieß
Tennisschläger	rakieta do tenisa	ra·**kiä**·ta do tä·**nie**·ßa

Theater	teatr	**tä**·atr
Thermometer	termometr	tär·**mo**·metr
Tischtücher	obrusy	o·**bru**·ßi
Titel	tytuł	ti·**tu**·ui
Toiletten	toalety	to·a·**lä**·ti
toll, super	świetnie	**çfiä**·tnjiä
Tomaten	pomidory	po·mi·**do**·ri
Tomatensuppe	zupa pomidorowa	**su**·pa po·mie·do·**ro**·wa
Tor	gol, bramka	gol, **bram**·ka
Torwart	bramkarz	**bram**·kasch
Tourist	turysta	tu·**ri**·ßta
traditionell	tradycyjny	tra·di·**tsij**·ni
traditionelle Korallen	tradycyjne korale	tra·di·**tsij**·nä ko·**ra**·lä
tragen (eine Last)	dźwigać	**dzwie**·gatç
Trainer	trener	**trä**·när
Treppe	schody	**ßho**·di
trinken	pić	pietç
Trinkglas (Saft, Milch, Wasser etc.)	szklanka	**schklan**·ka
Tropfen	krople	**kro**·plä
Tschüss!	Hej!, Cześć!	häj, tschäçtç
T-Shirt	koszulka	ko·**schul**·ka
T-Shirt mit der Überschrift „Polen"	podkoszulek z napisem „Polska"	pot·ko·**schu**·läk s na·**pie**·ßäm „**Pol**·ßka"
Tür	drzwi	dschwi
tut/tun mir weh	boli/bolą mnie	**bo**·lie/**bo**·lom mnjä
Typ	typ	tip
U		
U-Bahn	metro	**mä**·tro
über (die Straße)	przez	pschäs
über	o	o
überqueren	przejść	pschäjçtç
Uhr	zegar	**sä**·gar
Uhr	godzina	go·**dzie**·na
Umkleidekabinen	przymierzalnie	pschi·miä·**schal**·niä
und	i	ie
und	a	a
unentschieden (Spielergebniss)	remis	**rä**·mieß
unentschieden spielen	zremisować	srä·mie·**ßo**·waçtç
Universität	uniwersytet	u·nie·wär·**ßi**·tät
unoffiziell	nieoficjalny	niä·o·fie·**tsjal**·ni
Unterhemd	podkoszulek	pot·ko·**schul**·äk
Unterhose	majtki	**majt**·kie
Unterstrich	podkreślenie	pot·kräç·**lä**·njä
Untertitel	napisy	na·**pie**·ßi
Unterwäsche	bielizna	bjä·**lie**·sna
V		
Verhandlungen	negocjacje	nä·go·**tsja**·tsjä
Verkauf	sprzedaż	**spschä**·dasch
verkaufen	sprzedać	**spschä**·datç
verlieren	przegrać	**pschä**·gratç
verlieren	zgubić	**sgu**·bietç
verspätet	opóźniony	o·putç·**njo**·ni
verstehen	rozumieć	ro·**su**·miätç
Videokamera	kamera	ka·**mä**·ra
viel	dużo	**du**·scho
vielleicht	może	**mo**·schä

vier	cztery	**tschtä**·ri
vierhundert	czterysta	tschtä·**ri**·ßta
vierzehn	czternaście	tschtär·**naç**·tçiä
vierzig	czterdzieści	tschtär·**dzjä**·çtçi
von	od	ot
Vorname	imię	**ie**·miä
Vornamen der Eltern	imiona rodziców	ie·**mio**·na ro·**dzie**·tsuf
vorschlagen	proponować	pro·po·**no**·watç
W		
Wagen mit Nichtraucher-Abteilen	wagon z przedziałami dla niepalących	**wa**·gon s psche·dzja·**ua**·mi dla niä·pa·**lon**·zich
Wagen mit Raucher-Abteilen	wagon z przedziałami dla palących	**wa**·gon s psche·dzja·**ua**·mi dla pa·**lon**·zich
Wagen ohne Abteile	wagon bez przedziałów	**wa**·gon bäß psche·**dzja**·uuf
Währung	waluta	wa·**lu**·ta
Währungskurse	kursy walut	**kur**·ßi **wa**·lut
wann	kiedy	**kiä**·di
warten	czekać	**tschä**·katç
warum	dlaczego	dla·**tschä**·go
was	co	tso
Was bezahle ich?	Ile płacę?	**ie**·lä **pua**·tsä
Was empfehlen Sie?	Co pan / pani poleca / proponuje?	tso pan/pani po·**lä**·tsa/ pro·po·**nu**·jä
Was kosten…?	Ile kosztują…?	**ie**·lä ko·**schtu**·jom
Was kostet…?	Ile kosztuje…?	**ie**·lä ko·**schtu**·je
Wasser	woda	**wo**·da
Wasser mit Eis	woda z lodem	**wo**·da s **lo**·däm
Wasserhahn	kran	kran
Wasserkocher	czajnik	**tschaj**·niek
wechseln	wymienić	wi·**mjä**·njitç
Wechselstube	kantor	**kan**·tor
weh tun	boleć	**bo**·lätç
weil	bo	bo
Wein	wino	**wie**·no
Weinflasche	butelka wina	bu·**täl**·ka **wie**·na
Weinglas	kieliszek do wina	kiä·**lie**·schäk **wie**·na
weiß	biały	**bja**·ui
weit (weg)	daleko	da·**lä**·ko
Welche Telefonnummer / E-Mail haben Sie?	Jaki ma pan / pani numer telefonu / e-mail?	jaki ma pan/pani **nu**·mär tä·lä·**fo**·nu
welcher,-e,-s	jaki, który	**ja**·ki, **ktu**·ri
wer	kto	kto
wie	jak	jak
Wie sagt man das auf Polnisch?	Jak to powiedzieć po polsku?	jak to **powiä**·dzjätç po **pol**·ßku
wie viel	ile	**ie**·lä
wiederholen	powtórzyć	pof·**tu**·schitç
Wienerwürstchen	parówki	pa·**ruf**·kie
wir	my	mi
tun	działać	**dzja**·uatç
wissen	wiedzieć	**wiä**·dzjätç
wo	gdzie	gdzjä
Wo ist…?	Gdzie jest…?	gdzjä jäßt
Woche	tydzień	**ti**·dzjänj
Wochenende	weekend	**uie**·känt
Wochentage	dni tygodnia	dnji ti·**go**·dnja

Wodka	wódka	**wut**·ka
wohin	dokąd	**do**·kont
wollen	chcieć	htçiätç
wunderbar	wspaniały	fßpa·**nja**·ui
Wurst	kiełbasa	kiäu·**ba**·ßa
Wurstwaren	wędliny	wen·**dlie**·ni
Z		
Zahl	liczba	**lietsch**·ba
Zahn	ząb	somp
Zahnarzt	dentysta	den·**ti**·ßta
zehn	dziesięć	**dzjä**·cjentç
Zeitung	gazeta	ga·**sä**·ta
Zentrum	centrum	**tsän**·trum
Zigaretten	papierosy	pa·pie·**ro**·ßi
Zimmer	pokój	**po**·kuj
Zitrone	cytryna	tsi·**tri**·na
Zloty (Währung in Polen)	złotówka	suo·**tuf**·ka
Zloty (Währung in Polen)	złoty, złote	**suo**·ti, **suo**·tä
Zucker	cukier	**tsu**·kiär
Zug	pociąg	**po**·tsjonk
Zugankunft	przyjazd (pociągu)	**pschi**·jaßt (po·**tsjon**·gu)
Zugabfahrt	odjazd pociągu	**od**·jaßt po·**tsjon**·gu
Zugwagen	wagon	**wa**·gon
Zulassungsnummer	dowód rejestracyjny	**do**·wut rä·jäß·tra·**tsij**·ni
zum Beispiel, z. B.	na przykład, np.	na **pschi**·kuat, **en**·pe
Zum hier Essen, bitte.	Proszę na miejscu.	**pro**·schä na **miäj**·ßtsu
Zum Mitnehmen, bitte.	Proszę na wynos.	**pro**·schä na **wi**·noß
zurückfahren	zawrócić	sa·**wru**·tçitç
zwanzig	dwadzieścia	dwa·**dzjä**·ctçia
zwei	dwa	dwa
Zweibettzimmer	pokój dwuosobowy	**po**·kuj dwu·o·ßo·**bo**·wi
zweihundert	dwieście	**dwjä**·ctçiä
Zwei-Personen-	dwuosobowy	dwu·o·ßo·**bo**·wi
zweite Hälfte	druga połowa	**dru**·ga po·**uo**·wa
Zwiebel	cebula	tsä·**bu**·la
zwölf	dwanaście	dwa·**naç**·tçiä

PLAN CENTRUM HANDLOWEGO *PLAN OF A SHOPPING CENTRE*

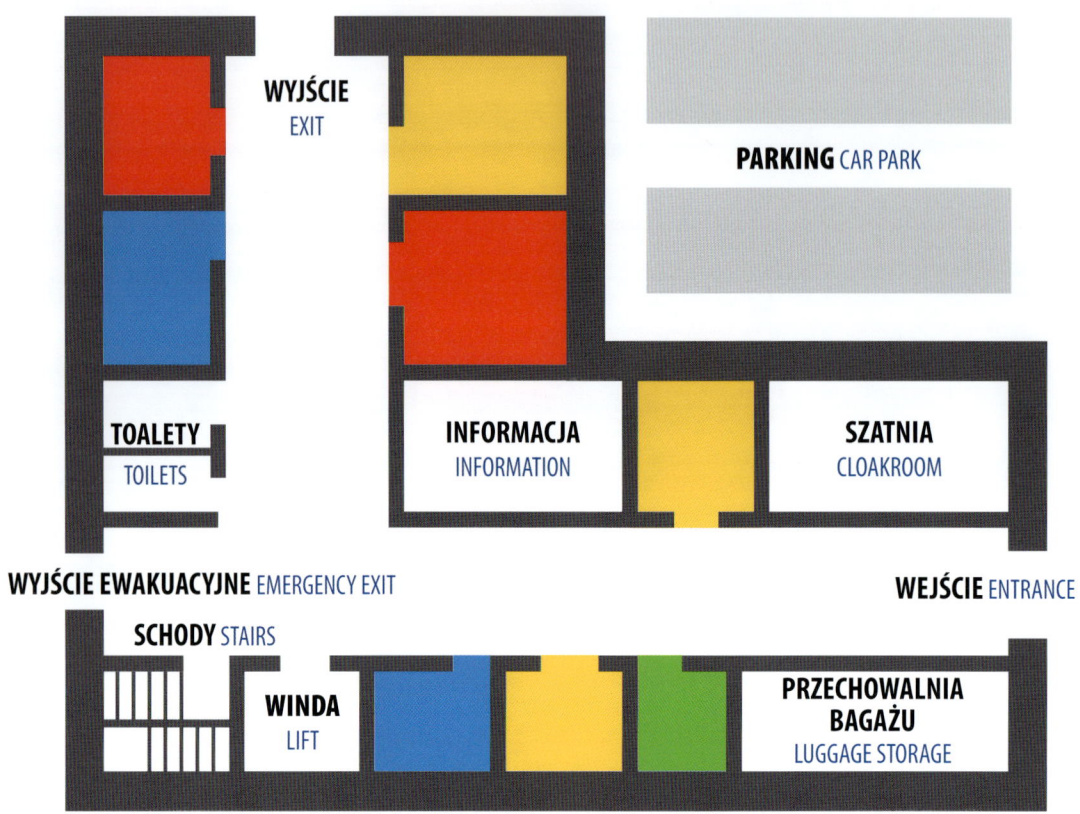

- **WYJŚCIE** EXIT
- **PARKING** CAR PARK
- **TOALETY** TOILETS
- **INFORMACJA** INFORMATION
- **SZATNIA** CLOAKROOM
- **WYJŚCIE EWAKUACYJNE** EMERGENCY EXIT
- **WEJŚCIE** ENTRANCE
- **SCHODY** STAIRS
- **WINDA** LIFT
- **PRZECHOWALNIA BAGAŻU** LUGGAGE STORAGE

W CENTRUM HANDLOWYM *AT THE SHOPPING CENTRE*

- **Proszę wziąć koszyk!** (Please take a shopping basket)
- **CZYNNE OD 10:00 DO 18:00** (OPEN FROM 10:00AM TO 6:00PM)
- **SAMOOBSŁUGA** (SELF-SERVICE)
- **Płatność tylko gotówką** (Cash payments only)
- **KASA** (CASH REGISTER)
- **Zwrot tylko za okazaniem paragonu** (Receipt required to return merchandise)
- **Obniżka 10%** (10% off)
- **Płatność kartą od 10 złotych** (Card payment minimum: 10 złotys)
- **Sprzedaż alkoholu od lat 18** (Alcohol sold to persons over 18 years of age)
- **OKAZJA!** (BARGAIN)
- **WYPRZEDAŻ LETNIEJ KOLEKCJI** (SUMMER COLLECTION CLEARANCE SALE)
- **NOC ZAKUPÓW** (LATE NIGHT SHOPPING)
- **PROMOCJA** (SPECIAL OFFER)
- **Reklamówki płatne 10 groszy** (Shopping bags are 0.10 zl)
- **PRZYMIERZALNIE** (FITTING ROOMS)

UBRANIA *CLOTHES*

podkoszulek
vest or T-shirt

koszula
shirt

bluzka
top or blouse

sweter
sweater

sukienka
dress

spódnica
skirt

kurtka
jacket

płaszcz
coat

spodnie
trousers

buty
boots or shoes

szalik
scarf

czapka
hat

rękawiczki
gloves

krawat
tie

BIELIZNA *UNDERWEAR*

biustonosz
bra

rajstopy
tights

majtki
panties, briefs

stringi
thong

bokserki
boxers

GALANTERIA *ACCESSORIES*

plecak
backpack

pasek
belt

torebka
handbag

walizka
suitcase

parasol
umbrella

okulary przeciwsłoneczne
sunglasses

BIŻUTERIA *JEWELLERY*

naszyjnik
necklace

pierścionek
ring

bransoletka
bracelet

kolczyki
earrings

zegarek
watch

SPRZĘT I AKCESORIA SPORTOWE
SPORTING EQUIPMENT AND ACCESSORIES

rower
bicycle

narty
skis

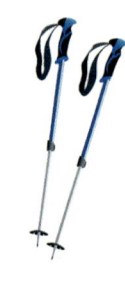
kijki narciarskie
ski poles

deska snowboardowa
snowboard

rolki
rollerblades

łyżwy
ice skates

deskorolka
skateboard

rakieta do tenisa
tennis racket

piłka
football

kask
helmet

ochraniacze na łokcie
elbow pads

ochraniacze na kolana
knee pads

gogle
goggles

strój kąpielowy
swimming costume

czepek
swimming cap

kąpielówki
swimming trunks

klapki
flip-flops

PAMIĄTKI *SOUVENIRS*

lalki w strojach regionalnych
dolls in regional costume

ciupaga góralska
mountaineer's hatchet, alpenstock

tradycyjne korale
traditional beads

szachy
chess set

kapelusz w barwach biało-czerwonych
hat in the national colours: white and red

podkoszulek z napisem Polska
T-shirt with "Poland" inscribed on it

szalik kibica
supporter's scarf

kubek
mug

albumy o Polsce
photobooks about Poland

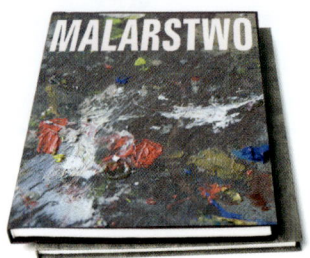
albumy z malarstwem polskim
photobooks about the works
of a Polish painter

biżuteria z bursztynu
amber jewellery

ceramika
ceramics

figurki z drewna
wooden figurines

mały witraż
small stained
glass window

**obrazek malowany
na szkle**
glass painting

koronkowa serwetka
doilie

haftowany obrus
embroidered tablecloth

płyta z muzyką
music CD

polska wódka
Polish vodka

PIECZYWO *BAKED PRODUCTS*

chleb
a loaf of bread

bułka
bread roll

bagietka
baguette

ciastka
cookies
and biscuits

ciasto
cake

NABIAŁ *DAIRY PRODUCTS AND EGGS*

ser żółty
(yellow) cheese

ser biały
(white) cheese

jajka
eggs

mleko
milk

śmietana
cream

masło
butter

jogurt
yoghurt

WARZYWA *VEGETABLES*

ziemniaki
potatoes

cebula
onion

kapusta
cabbage

sałata
lettuce

marchewka
carrot

pietruszka
parsnip – for the white
root, or parsley – for the
green leaves

pomidory
tomatoes

ogórki
cucumbers

OWOCE *FRUIT*

jabłka *apples*	**gruszki** *pears*	**śliwki** *plums*	**truskawki** *strawberries*	**banany** *bananas*	**cytryny** *lemons*

MIĘSO I WĘDLINY *MEAT AND SAUSAGES*

kiełbasa *sausage*	**szynka** *ham*	**parówki** *frankfurters*	**wołowina** *beef*	**wieprzowina** *pork*	**baranina** *mutton*

cielęcina *veal*	**drób** *poultry*	**kurczak** *chicken*	**kaczka** *duck*	**indyk** *turkey*

RYBY *FISH*

pstrąg *trout*	**łosoś** *salmon*	**śledź** *herring*	**karp** *carp*

POZOSTAŁE *MISCELLANEOUS*

cukier *sugar*	**mąka** *flour*	**ryż** *rice*	**sól** *salt*

makaron *pasta*	**herbata** *tea*	**kawa** *coffee*

NOTATKI *NOTES*

NOTATKI *NOTES*

NOTATKI *NOTES*

© (2013) Jupiter Corporation (5,6,11), © aaleksander / Pixmac (7), © Andrey_Kuzmin / Pixmac (45), © Aivolie / Pixmac (165), © ajafoto / Pixmac (169), © ajt / Pixmac (80), © alegria / Pixmac (166), © alenkasm / Pixmac (42), © alex / Pixmac (73,165), © alex.r / Pixmac (73,165), © Alex_Ishchenko / Pixmac (166), © AlexCiopata / Pixmac (6,166), © AlexMax / Pixmac (165), © andreasnikolas / Pixmac (4), © anikasalsera / Pixmac (165), © AntonioMP / Pixmac (36), © antoniomp / Pixmac (42), © anvodak / Pixmac (61), © anzavru / Pixmac (166), © archideaphoto / Pixmac (90), © arosoft / Pixmac (55), © Artzzz / Pixmac (48), © babenkodenis / Pixmac (48), © bartekjaworski / Pixmac (170), © Bateleur / Pixmac (166), © bayberry / Pixmac (7,29), © BDS / Pixmac (79,170), © BenedaMiroslav-seznam / Pixmac (169), © bernjuer / Pixmac (42), © blaj_gabriel2000-yahoo / Pixmac (79), © Bogna Sroka (10), © Bombaert / Pixmac (70), © brebca / Pixmac (42), © BSANI / Pixmac (166), © BVDC / Pixmac (79), © CandyBoxImages / Pixmac (17), © claudiodivizia / Pixmac (29), © cobalt / Pixmac (7), © cobalt88 / Pixmac (73), © Colour / Pixmac (170), © costasz / Pixmac (70), © Danny / Pixmac (167), © de-kay / Pixmac (167), © DenisNata / Pixmac (170), © Depositphotos.com/annakhomulo (41), © Depositphotos.com/Gjermund (21), © Depositphotos.com/Jean_Nelson (16), © Depositphotos.com/konstantin32 (16), © Depositphotos.com/lifeonwhite (56), © Depositphotos.com/lucianmilasan (16), © Depositphotos.com/missbobbit (47), © Depositphotos.com/monkeybusiness (47), © Depositphotos.com/ozaiachinn (70), © Depositphotos.com/PinkBadger (74,78), © Depositphotos.com/pressmaster (4), © Depositphotos.com/sararoom (83), © Depositphotos.com/s_bukley (12), © Depositphotos.com/val_th (74), © derocz / Pixmac (79), © Digifuture / Pixmac (80,166), © dolnikov / Pixmac (170), © donkeyru / Pixmac (48), © dotshock / Pixmac (4,90), © dragon_fang / Pixmac (79), © Dream79 / Pixmac (45), © Druzenko / Pixmac (167), © duskbabe / Pixmac (6), © eddiephotograph / Pixmac (6), © Editorial / Pixmac (55), © ElenaEliseeva / Pixmac (36,37,42,74,165,170), © elkostas / Pixmac (165), © ElnurPixmac / Pixmac (29,36,165,166,169), © evoken135 / Pixmac (167), © f02 / Pixmac (36), © FineShine / Pixmac (48), © forca / Pixmac (79), © fotomacro / Pixmac (170), © Fotosmurf / Pixmac (79), © fredgoldstein / Pixmac (79), © freestar35 / Pixmac (48), © Gabees / Pixmac (29), © galdzer / Pixmac (45,80), © Gandalfo / Pixmac (167), © Garry518 / Pixmac (166), © gary718 / Pixmac (6), © gemenacom / Pixmac (4,167), © get4net / Pixmac (57), © Givaga / Pixmac (70), © graphia76 / Pixmac (42), © gsermek / Pixmac (165,166), © Gudella / Pixmac (70), © gunnar3000 / Pixmac (61), © HASLOO / Pixmac (45), © haveseen / Pixmac (79), © Heinschlebusch / Pixmac (45), © herreid / Pixmac (165), © homydesign / Pixmac (169,170), © hrstovcnet / Pixmac (4), © Iakov / Pixmac (37,169), © iava777 / Pixmac (170), © igterex / Pixmac (166), © iqoncept / Pixmac (17), © is2 / Pixmac (90), © Isergey / Pixmac (90), © itislove / Pixmac (74), © Ivantsov / Pixmac (4), © ivonnewierink / Pixmac (169), © jmajchrzak / Pixmac (170), © jonnysek / Pixmac (48), © joruba75 / Pixmac (167), © kadroff / Pixmac (165), © kalnenko / Pixmac (4), © katatonia82 / Pixmac (94), © kekko64 / Pixmac (36), © kgtoh / Pixmac (4), © kitch / Pixmac (169,170), © kjpargeter / Pixmac (73), © konstantin32 / Pixmac (79), © krasyuk / Pixmac (73), © lassekristensen-gmail / Pixmac (80), © lauria / Pixmac (4), © Leonid / Pixmac (80), © lifeonwhite / Pixmac (6,170), © Lihodeev / Pixmac (165), © lisafx / Pixmac (79), © loskutnikov / Pixmac (69), © lovleah / Pixmac (165), © luislouro / Pixmac (89,90), © Lumumba / Pixmac (90), © majaFOTO / Pixmac (7), © Maksim Toome / Pixmac (55), © malino / Pixmac (36,84), © mantonino / Pixmac (170), © massonforstock / Pixmac (48), © matka_Wariatka / Pixmac (170), © mihalec / Pixmac (167), © MikhailPopov / Pixmac (42), © Millisenta / Pixmac (80), © miltonia / Pixmac (166), © ministr / Pixmac (80), © MonkeyBusiness / Pixmac (42,79,84,169,170), © morning-light / Pixmac (169), © MrSegui / Pixmac (55), © Mshake / Pixmac (55), © newlight / Pixmac (29), © nikuwka / Pixmac (166), © nimblewit / Pixmac (165), © Nitrub / Pixmac (6), © NixoR / Pixmac (36,166,169,170), © nolan777 / Pixmac (169), © nruboc / Pixmac (14), © Okssi68 / Pixmac (166), © olechowski / Pixmac (4), © oliversved / Pixmac (70), © olly18 / Pixmac (90), © ozaiachin / Pixmac (70), © Paha / Pixmac (4,74,84,96,166,170), © Pakhnyushchyy / Pixmac (4,73), © phakimata / Pixmac (79), © photography33 / Pixmac (43), © photoguru / Pixmac (48), © Pietus / Pixmac (7), © piotr_marcinski / Pixmac (79), © pixomar / Pixmac (90), © pocobw / Pixmac (48,74), © prezent / Pixmac (167), © prophotostock-gmail / Pixmac (170), © pryzmat / Pixmac (90), © Pshenichka / Pixmac (73,169), © pz.axe / Pixmac (167), © Rakov83 / Pixmac (167), © remik44992 / Pixmac (7), © robeo / Pixmac (79), © robertosch / Pixmac (166), © rognar / Pixmac (7), © romansigaev / Pixmac (170), © romvo / Pixmac (169), © rusak / Pixmac (36), © Ruslan / Pixmac (6,45,166),© ryzhkov / Pixmac (36), © salamiss / Pixmac (45), © scratch / Pixmac (166), © scubabartek / Pixmac (6), © shiyali / Pixmac (85), © SNR / Pixmac (80), © spaxiax / Pixmac (36), © speedo101 / Pixmac (73), © steroids / Pixmac (167), © stevanovicigor / Pixmac (91,170), © stocksnapper / Pixmac (19,29), © stuchin / Pixmac (70), © studio quadro (6,29), © suemack / Pixmac (170), © sveter / Pixmac (6), © Taden1 / Pixmac (170), © tan4ikk / Pixmac (29), © Teamarbeit / Pixmac (36), © teine26 / Pixmac (36), © teresaterra / Pixmac (42), © terex / Pixmac (73,169), © tertman / Pixmac (48), © thecarlinco / Pixmac (166), © timbrk / Pixmac (70), © travismanley / Pixmac (167), © Tritooth / Pixmac (45), © Tupungato / Pixmac (29), © uatp12 / Pixmac (70,166), © ugorenkov-mail / Pixmac (166,169), © ursula1964 / Pixmac (6), © Valentyna7 / Pixmac (169), © ve_t_ra / Pixmac (48), © vetkit / Pixmac (167), © Violin / Pixmac (45,73), © VitalyValua / Pixmac (79), © voronin-76 / Pixmac (169), © Wavebreak Media / Pixmac (57), © witoldkr1 / Pixmac (170), © xtrekx / Pixmac (170), © yoka66 / Pixmac (79), © YuriArcurs / Pixmac (79), © zastavkin / Pixmac (79), © zmaris / Pixmac (167,170), © zmkstudio / Pixmac (100)

Zdjęcie lalek w strojach ludowych zamieszczone dzięki uprzejmości Pracowni Lalek Regionalnych FOLKLOR w Bochni (167)

Leszek Zych / REPORTER (9), Maciej Lasyk / REPORTER (9), Jewel Samad / AFP (12), Laski Diffusion / EASTNEWS (9), EVERETT COLLECTION (12), FERRARI PRESS AGENCY Ltd. (12), EASTNEWS (9), LEMMAGE (9), Danuta Łomaczewska / EASTNEWS (9), ALBUM ARCHIVIO FOTOGRAFICO (12), Marek Karewicz / EASTNEWS (9), PRISMA ARCHIVIO FOTOGRAFICO (9), Maciej Patrzyk / EASTNEWS (12), Giancarlo Gorassini / ABACA PRESS (9), Michał Wargin / EASTNEWS (9), Bartosz Krupa / EASTNEWS (9), PHOTO RESEARCHES (12), Jen Lowery / SPLASH (12)

We have tried to trace and contact copyright holders before publication, in some cases this has not been possible. If contacted we will be pleased to rectify any errors or omission at the earliest opportunity.